P1-A1 Ciminelli's

a–g.

P1-A1 Concluded

P1-A2 Richard Parker

a–b.

	ASSETS					LIABILITIES	OWNER'S EQUITY	
	CASH	ACCOUNTS RECEIVABLE	OFFICE FURNITURE	VAN	=	ACCOUNTS PAYABLE	(+) INVESTMENTS (−) WITHDRAWALS	(+) REVENUES (−) EXPENSES
1	+ 19,600						+ 19,600	
2	− 2,000							
3			+ 1,800	+ 9,000		+ 1,800		
4		+ 2,000						+ 2,100
5	− 360							− 360
6	+ 800	− 800						
7	− 560					− 500		
8						+ 150		− 150
9	− 600						− 600	
10	+ 250		− 450			− 450		+ 250
11	9,650	1,300	1,350	+ 9,000		1,000	18,400	1,900
	21,300						21,300	

BALANCE SHEET

JES

P1-A2 Concluded

c.

P1-A3 Grimball Cardiology

a.

Grimball Cardiology

Income Statement

For the Year Ended December 31, 19X1

REVENUE		17 500 000
LESS EXPENSES		
SURGICAL EXPENSES	8 000 000	
SALARIES EXPENSE	3 000 000	
UTILITIES EXPENSE	500 000	
RENT EXPENSE	1 500 000	
TOTAL EXPENSES		13 000 000
NET INCOME		4 500 000

P1-A3 Continued

b.

Grimball Cardiology

Statement of Owner's Equity

For the Year Ended December 31, 19X1

BEGINNING BALANCE			300 000 00
INCREASES			
OWNER INV.	2 000 00		
NET INCOME	45 000 00	47 000 00	
		347 000 00	
DECREASES			
OWNER WITHDRAWALS		2 000 00	
ENDING BALANCE		345 000 00	

P1-A3 Continued

c.

Grimball Cardiology

Balance Sheet

December 31, 19X1

ASSETS				
CASH			6 000 00	
ACCTS R.			13 7000 00	
SURGICAL EQPT			8700 00	
OFFC EQPT			11 800 00	
~~MMMMMM~~ TOTAL ASSETS			35 000 00	
LIABILITIES				
ACCTS PAYABLE			1 470 00	
LOAN PAYABLE			1 0300 00	
OWNERS EQUITY				
ROSE GRIMBALL, CAPITAL			32 500 00	
			35 000 00	

P1-A3 Concluded

P1-A4 Frisco Enterprises

a.

| | ASSETS | | | | = | LIABILITIES | + | OWNER'S EQUITY | |
	CASH	ACCOUNTS RECEIVABLE	OFFICE FURNITURE	VAN		ACCOUNTS PAYABLE		(+) INVESTMENTS (−) WITHDRAWALS	(+) REVENUES (−) EXPENSES
Mar. 1	+ 26,000							+ 26,000	
4	− 6,000	+ 2,400							+ 2,400
7	+ 700	− 700	+ 6,000						
12	− 800								− 800
15									~~(crossed out)~~
18	− 9,000		+ 9,000			+ 3,600			+ 300
22	+ 300								
24	− 1,500					− 1,500			− 75
28	~~(illegible)~~					+ 75			− 900
31	− 900					~~640~~		− 600	
31	− 600	1,700	15,000			2,625		18,400	225
	(7,200)								(20,800)

P1-A4 Continued

b.

Frisco Enterprises

Income Statement

For the Month Ended March 31, 19X1

P1-A4 Continued

b.

Frisco Enterprises

Statement of Owner's Equity

For the Month Ended March 31, 19X1

P1-A4 Concluded

b.

Frisco Enterprises

Balance Sheet

March 31, 19X1

P1-A5 Decor and More

a.

Decor and More

Income Statement

For the Month Ended May 31, 19X9

P1-A5 Continued

b.

Decor and More

Statement of Owner's Equity

For the Month Ended May 31, 19X9

P1-A5   Continued

c.

Decor and More

Balance Sheet

May 31, 19X9

P1-A5   Concluded

P1-A6   Action Tree Service

P1-A6   Concluded

P1-B1 Hartford Company

a–g.

P1-B1 Concluded

P1-B2 John McCarthy

a–b.

	ASSETS			=	LIABILITIES	+	OWNER'S EQUITY	
	CASH	ACCOUNTS RECEIVABLE	OFFICE EQUIPMENT	TRUCK	ACCOUNTS PAYABLE	(+) INVESTMENTS (−) WITHDRAWALS	(+) REVENUES (−) EXPENSES
1							
2							
3							
4							
5							
6							
7							
8							
9							
10							
11							

P1-B2 Concluded

c.

_____

_____

_____

_____

_____

_____

_____

_____

_____

_____

_____

_____

_____

_____

_____

_____

_____

_____

_____

_____

_____

_____

_____

_____

_____

_____

_____

_____

P1-B3   Essex and Associates

a.

Essex and Associates

Income Statement

For the Year Ended December 31, 19XX

P1-B3 Continued

b.

Essex and Associates

Statement of Owner's Equity

For the Year Ended December 31, 19XX

P1-B3 Continued

c.

Essex and Associates

Balance Sheet

December 31, 19XX

P1-B3 Concluded

P1-B4 Bates Company

a.

	ASSETS		=	LIABILITIES	+	OWNER'S EQUITY	
CASH	ACCOUNTS RECEIVABLE	LAND	EQUIPMENT	ACCOUNTS PAYABLE	(+) INVESTMENTS (–) WITHDRAWALS	(+) REVENUES (–) EXPENSES
June 2							
3							
4							
5							
8							
11							
17							
18							
20							
23							
28							
30							

P1-B4 Continued

b.

Bates Company

Income Statement

For the Month Ended June 30, 19X5

P1-B4 Continued

b.

Bates Company

Statement of Owner's Equity

For the Month Ended June 30, 19X5

P1-B4 Concluded

b.

Bates Company

Balance Sheet

June 30, 19X1

P1-B5 Jeffcote Advertising Agency

a.

Jeffcote Advertising Agency

Income Statement

For the Month Ended January 31, 19X3

P1-B5 Continued

b.

Jeffcote Advertising Agency

Statement of Owner's Equity

For the Month Ended January 31, 19X3

P1-B5   Continued

c.

Jeffcote Advertising Agency

Balance Sheet

January 31, 19X3

P1-B5   Concluded

P1-B6 Rapid Cleaning Service

_____

_____

_____

_____

_____

_____

_____

_____

_____

_____

_____

_____

_____

_____

_____

_____

_____

_____

_____

_____

_____

_____

_____

_____

_____

_____

_____

_____

_____

_____

_____

_____

P1-B6   Concluded

EYH1-1   Starting a Business

a–d.

EYH1-1   Concluded

EYH1-2   Accounting and Regulation

_____

_____

_____

_____

_____

_____

_____

_____

_____

_____

_____

_____

_____

_____

_____

_____

_____

_____

_____

_____

_____

_____

_____

_____

_____

_____

_____

_____

_____

_____

_____

_____

EYH1-2   Concluded

EYH1-3   A Day in the Life . . .

EYH1-3   Concluded

EYH1-4   Ethics and Behavior

EYH1-4   Concluded

EYH1-5 Promus Companies

a–e.

_____

_____

_____

_____

_____

_____

_____

_____

_____

_____

_____

_____

_____

_____

_____

_____

_____

_____

_____

_____

_____

_____

_____

_____

_____

_____

_____

_____

_____

_____

_____

_____

_____

_____

EYH1-5   Concluded

EYH1-6

a–e.

EYH1-6   Concluded

EYH1-7　The Outdoor Store

a–d.

_____

_____

_____

_____

_____

_____

_____

_____

_____

_____

_____

_____

_____

_____

_____

_____

_____

_____

_____

_____

_____

_____

_____

_____

_____

_____

_____

EYH1-7 Concluded

CAI1-1   Wm. Wrigley Jr. Company

a–d.

_____

_____

_____

_____

_____

_____

_____

_____

_____

_____

_____

_____

_____

_____

_____

_____

_____

_____

_____

_____

_____

_____

_____

_____

_____

_____

_____

_____

_____

_____

_____

_____

_____

_____

CAI1-1   Concluded

P2-A1 Mike Scott

P2-A1 Concluded

P2-A2 Delgado Enterprises

a.

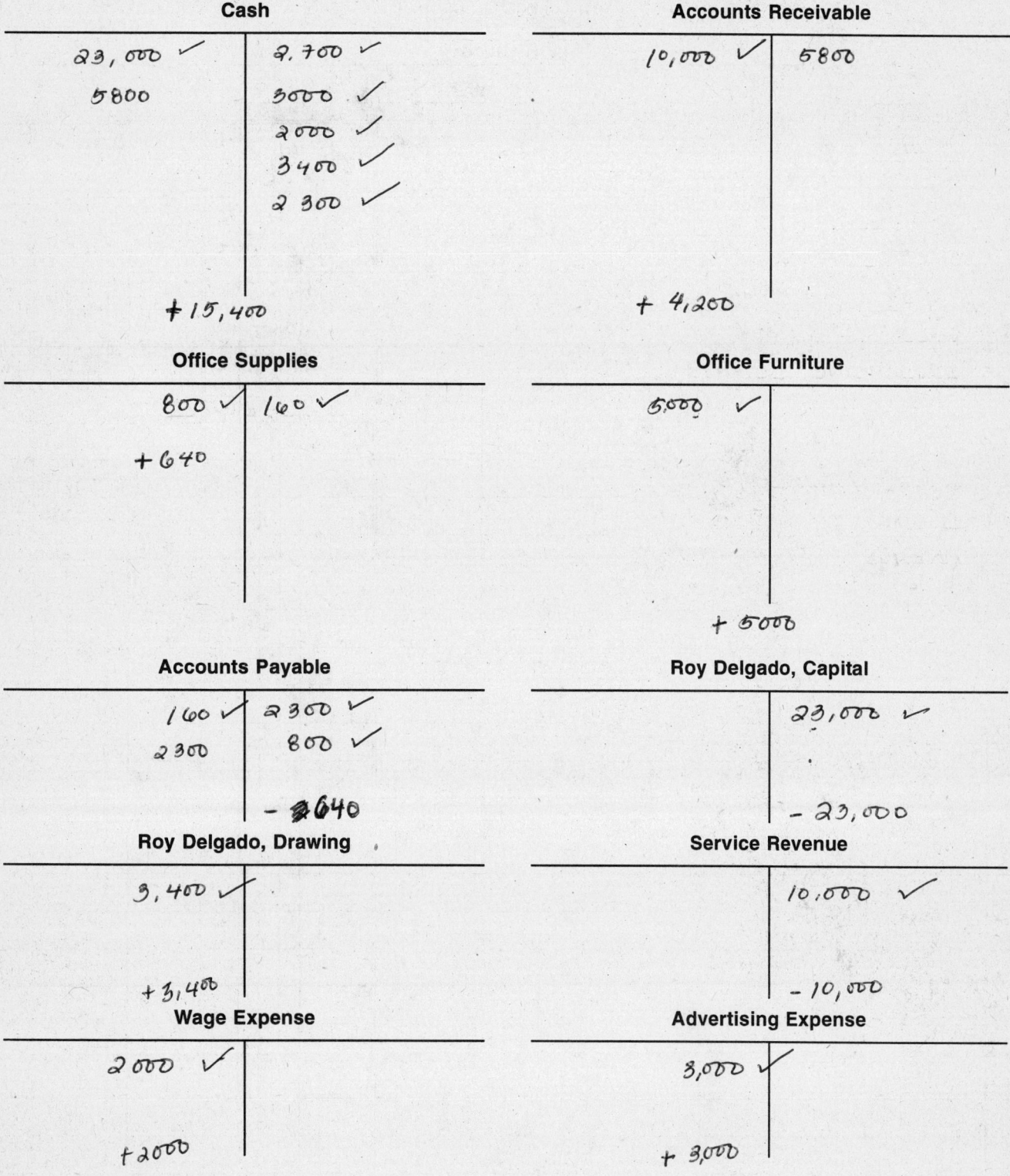

Cash

23,000 ✓	2,700 ✓
5800	3000 ✓
	2000 ✓
	3400 ✓
	2300 ✓

+15,400

Accounts Receivable

10,000 ✓	5800

+4,200

Office Supplies

800 ✓	160 ✓

+640

Office Furniture

5,000 ✓	

+5000

Accounts Payable

160 ✓	2300 ✓
2300	800 ✓

-640

Roy Delgado, Capital

	23,000 ✓

-23,000

Roy Delgado, Drawing

3,400 ✓	

+3,400

Service Revenue

	10,000 ✓

-10,000

Wage Expense

2000 ✓	

+2000

Advertising Expense

3,000 ✓	

+3,000

P2-A2 Concluded

b.

Delgado Enterprises

Trial Balance

March 31, 19XX

	2 1		
CASH	15 400 00		
A. R.	4 200 00		
OFC. SUP.	64 00		
OFC. FURNITURE	5 000 00		
DELGADO WITHDRAWAL	3 400 00		
WAGE	2 000 00		
ADVERTISING EXPENSE	3 000 00		
	33 640 00		
ACCTS PAYABLE			640 00
CAPITAL			23 000 00
REVENUE			10 000 00
			33 640 00

P2-A3 Adkins Studio

a.

JOURNAL

	DATE	DESCRIPTION	POST REF.	DEBIT	CREDIT	
1						1
2						2
3						3
4						4
5						5
6						6
7						7
8						8
9						9
10						10
11						11
12						12
13						13
14						14
15						15
16						16
17						17
18						18
19						19
20						20
21						21
22						22
23						23
24						24
25						25
26						26
27						27
28						28
29						29
30						30
31						31
32						32

P2-A3   Continued

b–c.

CASH   ACCOUNT 110

DATE		EXPLANATION	POST REF.	DEBIT	CREDIT	BALANCE

ACCOUNTS RECEIVABLE   ACCOUNT 120

DATE		EXPLANATION	POST REF.	DEBIT	CREDIT	BALANCE

EQUIPMENT & SUPPLIES   ACCOUNT130

DATE		EXPLANATION	POST REF.	DEBIT	CREDIT	BALANCE

P2-A3 Continued

b–c.

STUDIO _____ ACCOUNT 140

DATE		EXPLANATION	POST REF.	DEBIT	CREDIT	BALANCE

ACCOUNTS PAYABLE _____ ACCOUNT 210

DATE		EXPLANATION	POST REF.	DEBIT	CREDIT	BALANCE

LEE ADKINS, CAPITAL _____ ACCOUNT 310

DATE		EXPLANATION	POST REF.	DEBIT	CREDIT	BALANCE

P2-A3 Continued

b–c.

LEE ADKINS, DRAWING   ACCOUNT 320

DATE	EXPLANATION	POST REF.	DEBIT	CREDIT	BALANCE

PROFESSIONAL FEES   ACCOUNT 410

DATE	EXPLANATION	POST REF.	DEBIT	CREDIT	BALANCE

ADVERTISING EXPENSE   ACCOUNT 510

DATE	EXPLANATION	POST REF.	DEBIT	CREDIT	BALANCE

P2-A3 Continued

b–c.

SALARIES EXPENSE   ACCOUNT 520

DATE		EXPLANATION	POST REF.	DEBIT	CREDIT	BALANCE

LEGAL & ACCOUNTING EXPENSE   ACCOUNT 530

DATE		EXPLANATION	POST REF.	DEBIT	CREDIT	BALANCE

UTILITIES EXPENSE   ACCOUNT 540

DATE		EXPLANATION	POST REF.	DEBIT	CREDIT	BALANCE

P2-A3 Concluded

d.

Adkins Studio

Trial Balance

June 30, 19XX

P2-A4 Molly's Landscape

a.

JOURNAL

PAGE _____

	DATE		DESCRIPTION	POST REF.	DEBIT	CREDIT	
1							1
2							2
3							3
4							4
5							5
6							6
7							7
8							8
9							9
10							10
11							11
12							12
13							13
14							14
15							15
16							16
17							17
18							18
19							19
20							20
21							21
22							22
23							23
24							24
25							25
26							26
27							27
28							28
29							29
30							30
31							31
32							32

P2-A4 Continued

b.

CASH
ACCOUNT 110

DATE	EXPLANATION	POST REF.	DEBIT	CREDIT

ACCOUNTS RECEIVABLE
ACCOUNT 120

DATE	EXPLANATION	POST REF.	DEBIT	CREDIT

OFFICE EQUIPMENT
ACCOUNT 130

DATE	EXPLANATION	POST REF.	DEBIT	CREDIT

P2-A4 Continued

b.

ACCOUNTS PAYABLE   ACCOUNT 210

DATE		EXPLANATION	POST REF.	DEBIT	CREDIT	BALANCE

OTHER LIABILITIES   ACCOUNT 220

DATE		EXPLANATION	POST REF.	DEBIT	CREDIT	BALANCE

MOLLY GREGG, CAPITAL   ACCOUNT 310

DATE		EXPLANATION	POST REF.	DEBIT	CREDIT	BALANCE

P2-A4 Continued

b.

LANDSCAPING REVENUE   ACCOUNT 410

DATE	EXPLANATION	POST REF.	DEBIT	CREDIT	BALANCE

RENT EXPENSE   ACCOUNT 510

DATE	EXPLANATION	POST REF.	DEBIT	CREDIT	BALANCE

SECRETARIAL EXPENSE   ACCOUNT 520

DATE	EXPLANATION	POST REF.	DEBIT	CREDIT	BALANCE

P2-A4 Continued

b.

UTILITIES EXPENSE   ACCOUNT 530

DATE		EXPLANATION	POST REF.	DEBIT	CREDIT	BALANCE

ACCOUNT

DATE		EXPLANATION	POST REF.	DEBIT	CREDIT	BALANCE

ACCOUNT

DATE		EXPLANATION	POST REF.	DEBIT	CREDIT	BALANCE

P2-A4   Concluded

c.

Molly's Landscaping Service

Trial Balance

January 31, 19XX

P2-A5 Muniserv

a.

JOURNAL

PAGE

	DATE		DESCRIPTION	POST REF.	DEBIT	CREDIT	
1			CASH (START BALANCE)		100000 00		1
2			CAPITAL			70000 00	2
3			LOAN			30000 00	3
4			LAND		15000 00		4
5			BLDG		40000 00		5
6			VEHICLE		10000 00		6
7			CASH			45000 00	7
8			ACCTS PAYABLE			2000 00	8
9			STORES EQPT		4600 00		9
10			CASH			4600 00	10
11			ACCTS PAYABLE		500 00		11
12			CASH			500 00	12
13			SALARY EXPENSE		2300 00		13
14			CASH			2300 00	14
15			ADVERTISING EXPENSE		700 00		15
16			CASH			700 00	16
17			ACCTS PAYABLE		200 00		17
18			ACCTS RECEIVABLE		9400 00		18
19			REVENUE			9400 00	19
20			CASH		3700 00		20
21			∧ ACCTS RECEIVABLE			3700 00	21
22					186400 00	168200 00	22
23							23
24					+18200 00		24
25					− DEBIT		25
26							26
27							27
28							28
29							29
30							30
31							31
32							32

P2-A5 Concluded

b–c.

CASH		A P	
100,000	45,000	20,000	
3700	4,600	200	
	500		
	700	20,200	
103,700	53,100		
50,600			

P2-A6 Nettles Company

Nettles Company

Trial Balance

December 31, 19X3

P2-A6 Concluded

P2-B1 Coal Mine Pale Ale

a. and c.

P2-B1 Concluded

b.

P2-B2 Lopez Service

a.

Cash		Accounts Receivable	

Office Equipment		Land	

Accounts Payable		Loan Payable	

Lopez, Capital		Service Revenue	

Advertising Expense		Salaries Expense	

Utilities Expense	

P2-B2 Concluded

b.

Lopez Service Organization

Trial Balance

May 31, 19XX

P2-B3 Service City

a.

<table>
<tr><td colspan="8" align="center">**JOURNAL**</td><td colspan="2">PAGE</td></tr>
<tr><td></td><td colspan="2">DATE</td><td>DESCRIPTION</td><td>POST REF.</td><td colspan="2">DEBIT</td><td colspan="2">CREDIT</td><td></td></tr>
<tr><td>1</td><td></td><td></td><td></td><td></td><td></td><td></td><td></td><td></td><td>1</td></tr>
<tr><td>2</td><td></td><td></td><td></td><td></td><td></td><td></td><td></td><td></td><td>2</td></tr>
<tr><td>3</td><td></td><td></td><td></td><td></td><td></td><td></td><td></td><td></td><td>3</td></tr>
<tr><td>4</td><td></td><td></td><td></td><td></td><td></td><td></td><td></td><td></td><td>4</td></tr>
<tr><td>5</td><td></td><td></td><td></td><td></td><td></td><td></td><td></td><td></td><td>5</td></tr>
<tr><td>6</td><td></td><td></td><td></td><td></td><td></td><td></td><td></td><td></td><td>6</td></tr>
<tr><td>7</td><td></td><td></td><td></td><td></td><td></td><td></td><td></td><td></td><td>7</td></tr>
<tr><td>8</td><td></td><td></td><td></td><td></td><td></td><td></td><td></td><td></td><td>8</td></tr>
<tr><td>9</td><td></td><td></td><td></td><td></td><td></td><td></td><td></td><td></td><td>9</td></tr>
<tr><td>10</td><td></td><td></td><td></td><td></td><td></td><td></td><td></td><td></td><td>10</td></tr>
<tr><td>11</td><td></td><td></td><td></td><td></td><td></td><td></td><td></td><td></td><td>11</td></tr>
<tr><td>12</td><td></td><td></td><td></td><td></td><td></td><td></td><td></td><td></td><td>12</td></tr>
<tr><td>13</td><td></td><td></td><td></td><td></td><td></td><td></td><td></td><td></td><td>13</td></tr>
<tr><td>14</td><td></td><td></td><td></td><td></td><td></td><td></td><td></td><td></td><td>14</td></tr>
<tr><td>15</td><td></td><td></td><td></td><td></td><td></td><td></td><td></td><td></td><td>15</td></tr>
<tr><td>16</td><td></td><td></td><td></td><td></td><td></td><td></td><td></td><td></td><td>16</td></tr>
<tr><td>17</td><td></td><td></td><td></td><td></td><td></td><td></td><td></td><td></td><td>17</td></tr>
<tr><td>18</td><td></td><td></td><td></td><td></td><td></td><td></td><td></td><td></td><td>18</td></tr>
<tr><td>19</td><td></td><td></td><td></td><td></td><td></td><td></td><td></td><td></td><td>19</td></tr>
<tr><td>20</td><td></td><td></td><td></td><td></td><td></td><td></td><td></td><td></td><td>20</td></tr>
<tr><td>21</td><td></td><td></td><td></td><td></td><td></td><td></td><td></td><td></td><td>21</td></tr>
<tr><td>22</td><td></td><td></td><td></td><td></td><td></td><td></td><td></td><td></td><td>22</td></tr>
<tr><td>23</td><td></td><td></td><td></td><td></td><td></td><td></td><td></td><td></td><td>23</td></tr>
<tr><td>24</td><td></td><td></td><td></td><td></td><td></td><td></td><td></td><td></td><td>24</td></tr>
<tr><td>25</td><td></td><td></td><td></td><td></td><td></td><td></td><td></td><td></td><td>25</td></tr>
<tr><td>26</td><td></td><td></td><td></td><td></td><td></td><td></td><td></td><td></td><td>26</td></tr>
<tr><td>27</td><td></td><td></td><td></td><td></td><td></td><td></td><td></td><td></td><td>27</td></tr>
<tr><td>28</td><td></td><td></td><td></td><td></td><td></td><td></td><td></td><td></td><td>28</td></tr>
<tr><td>29</td><td></td><td></td><td></td><td></td><td></td><td></td><td></td><td></td><td>29</td></tr>
<tr><td>30</td><td></td><td></td><td></td><td></td><td></td><td></td><td></td><td></td><td>30</td></tr>
<tr><td>31</td><td></td><td></td><td></td><td></td><td></td><td></td><td></td><td></td><td>31</td></tr>
<tr><td>32</td><td></td><td></td><td></td><td></td><td></td><td></td><td></td><td></td><td>32</td></tr>
</table>

P2-B3 Service City

P2-B3 Continued

b–c.

CASH   ACCOUNT 110

DATE		EXPLANATION	POST REF.	DEBIT	CREDIT	BALANCE

ACCOUNTS RECEIVABLE   ACCOUNT 120

DATE		EXPLANATION	POST REF.	DEBIT	CREDIT	BALANCE

LAND   ACCOUNT 130

DATE		EXPLANATION	POST REF.	DEBIT	CREDIT	BALANCE

P2-B3 Continued

b–c.

ACCOUNTS PAYABLE   ACCOUNT 210

DATE	EXPLANATION	POST REF.	DEBIT	CREDIT	BALANCE

ROGER GATES, CAPITAL   ACCOUNT 310

DATE	EXPLANATION	POST REF.	DEBIT	CREDIT	BALANCE

SERVICE REVENUE   ACCOUNT 410

DATE	EXPLANATION	POST REF.	DEBIT	CREDIT	BALANCE

P2-B3 Continued

b–c.

WAGE EXPENSE   ACCOUNT 510

DATE		EXPLANATION	POST REF.	DEBIT	CREDIT	BALANCE

MARKETING EXPENSE   ACCOUNT 520

DATE		EXPLANATION	POST REF.	DEBIT	CREDIT	BALANCE

REPAIRS EXPENSE   ACCOUNT 530

DATE		EXPLANATION	POST REF.	DEBIT	CREDIT	BALANCE

P2-B3   Continued

d.

Service City										
Trial Balance										
November 30, 19XX										

P2-B3 Concluded

P2-B4 AAA Furniture Leasing

a.

JOURNAL

PAGE

	DATE		DESCRIPTION	POST REF.	DEBIT	CREDIT	
1	FEB	01	OWNER INV. ✓			28000 00	1
2			CASH ✓		28000 00		2
3	FEB	04	FURNITURE ✓		35000 00		3
4			CASH ✓			10000 00	4
5			ACCTS PAYABLE ✓		25000 00		5
6	FEB	10	LOAN PAYABLE ✓		7000 00		6
7			CASH ✓		7000 00		7
8	FEB	19	FURNITURE RETURN ✓			2200 00	8
9			ACCTS PAYABLE ✓			2200 00	9
10	FEB	23	SALARIES ✓		1900 00		10
11			CASH ✓			1900 00	11
12			UTILITIES ✓		600 00		12
13			CASH ✓			600 00	13
14			MARKETING ✓		950 00		14
15			CASH ✓			950 00	15
16	FEB	28	ACCTS PAYABLE ✓			2800 00	16
17			CASH ✓			2800 00	17
18			REVENUES ✓			2900 00	18
19			CASH ✓		2900 00		19
20			ACCTS RECEIVABLE ✓		3700 00		20
21			REVENUES ✓			3700 00	21
22							22
23					112050 00	58050 00	23
24							24
25							25
26							26
27					54000 00		27
28							28
29							29
30							30
31							31
32							32

P2-B4   Continued

b.

CASH   ACCOUNT 110

DATE		EXPLANATION	POST REF.	DEBIT	CREDIT	BALANCE
FEB	01	OWNER INV.		28 000 00		28 000 00
FEB	04	FURN- DOWN PAYMENT			10 000 00	18 000 00
FEB	10	LOAN FOR INV.		7 000 00		25 000 00
FEB	23	SAL. UTIL & MKTG EXP			3 450 00	21 550 00
FEB	28	A.P. PAYMENT		~~~~~~~~	2 800 00	18 750 00
		REVENUE		2 900 00	.	21 650 00

ACCOUNTS RECEIVABLE   ACCOUNT 120

DATE		EXPLANATION	POST REF.	DEBIT	CREDIT	BALANCE
FEB	28	SVCS ON ACCT		3 700 00		3 700 00
~~	~~	~~~~~~~~~~			~~~~~~~~~	

RENTAL FURNITURE   ACCOUNT 130

DATE		EXPLANATION	POST REF.	DEBIT	CREDIT	BALANCE
FEB	04	INITIAL		35 000 00		35 000 00
FEB	19	RETURN FURN.			2 200 00	32 800 00

P2-B4 Continued

b.

ACCOUNTS PAYABLE   ACCOUNT 210

DATE		EXPLANATION	POST REF.	DEBIT	CREDIT	BALANCE
FEB	04	INIT. FURN.		25 000 00		25 000 00
FEB	19	FURN. RETURN			2200 00	22 800 00
FEB	28	ACCT PAYMENT			2800 00	20 000 00

LOAN PAYABLE   ACCOUNT 220

DATE		EXPLANATION	POST REF.	DEBIT	CREDIT	BALANCE
FEB	10	BANK LOAN		7000 00		7000 00

JAMES LARKIN, CAPITAL   ACCOUNT 300

DATE		EXPLANATION	POST REF.	DEBIT	CREDIT	BALANCE
FEB	07	INITIAL CAP.		~~28000000~~	28 000 00	28 000 00

P2-B4 Continued

b.

RENTAL REVENUE   ACCOUNT 400

DATE	EXPLANATION	POST REF.	DEBIT	CREDIT	BALANCE
Feb 28	Cash Rev.			2900 00	2900 00
	A.R. Rev.			3700 00	6600 00

MARKETING EXPENSE   ACCOUNT 510

DATE	EXPLANATION	POST REF.	DEBIT	CREDIT	BALANCE
Feb 23	MKTG Exp.		950 00		950 00

SALARIES EXPENSE   ACCOUNT 520

DATE	EXPLANATION	POST REF.	DEBIT	CREDIT	BALANCE
Feb 20	Salary Exp		1900 00		1900 00

P2-B4 Continued

b.

UTILITIES EXPENSE   ACCOUNT 530

DATE		EXPLANATION	POST REF.	DEBIT	CREDIT	BALANCE
FEB	23	FEB UTIL.		6 0 0 00		6 0 0 00

ACCOUNT

DATE		EXPLANATION	POST REF.	DEBIT	CREDIT	BALANCE

ACCOUNT

DATE		EXPLANATION	POST REF.	DEBIT	CREDIT	BALANCE

P2-B4 Concluded

c.

AAA Furniture Leasing

Trial Balance

February 28, 19XX

Account	Debit					Credit				
CASH	2	1	6	5	0	00				
A.R.		3	7	0	0	00				
FURN.	3	2	8	0	0	.00				
A.P.	2	0	0	0	0	00				
LOAN P.		7	0	0	0	00				
CAPITAL							2	8	0	00	00
REV							6	6	0	00
MKTG. EXP			9	5	0	00				
SALARY EXP.		1	9	0	0	00				
UTILITIES EXP.			6	0	0	00				
	8	8	6	0	0	00	3	4	6	00	00

+ 54 0 0 0 00

P2-B5 Clipperly Company

a.

JOURNAL

PAGE _____

	DATE	DESCRIPTION	POST REF.	DEBIT	CREDIT	
1						1
2						2
3						3
4						4
5						5
6						6
7						7
8						8
9						9
10						10
11						11
12						12
13						13
14						14
15						15
16						16
17						17
18						18
19						19
20						20
21						21
22						22
23						23
24						24
25						25
26						26
27						27
28						28
29						29
30						30
31						31
32						32

P2-B5 Concluded

b–c.

P2-B6 Bedford Painting

a.

Trial balance as given	21 0 5 0 0		18 1 9 0 0	

P2-B6 Concluded

b.

EYH2-1 Source Documents

EYH2-1 Concluded

EYH2-2 Chart of Accounts

EYH2-2 Concluded

EYH2-3 Federal Express/The Home Depot

a–d.

EYH2-3   Concluded

EYH2-4

a–d.

EYH2-4   Concluded

EYH2-5 Chang Moon

a–b.

EYH2-5 Concluded

CAI2-1 Carnival Corporation

CAI2-1 Concluded

P3-A1 Beta Company

a.

_____

_____

_____

_____

_____

_____

_____

_____

_____

_____

_____

_____

_____

_____

_____

_____

_____

_____

_____

_____

_____

_____

_____

_____

_____

_____

_____

_____

_____

_____

_____

_____

P3-A1 Beta Company
a.

P3-A1   Concluded

b.

P3-A2 Butch Hallstad

a.

ACCRUAL BASIS ACCOUNTING - REVENUES ARE RECOGNIZED WHEN GOODS ARE SOLD OR WHEN SERVICES ARE RENDERED. EXPENSES ARE RECOGNIZED WHEN INCURRED.

CASH BASIS ACCOUNTING - REVENUES ARE RECOGNIZED IN THE PERIOD OF RECEIPT, & EXPENSES ARE RECOGNIZED IN THE PERIOD OF PAYMENT.

IN GENERAL, ACCRUAL BASIS ACCTNG IS MOST PREFERRED. IT IS ADVANTAGEOUS 'COZ IT PRESENTS A CLEAR AND REALISTIC APPROACH IN INCOME MEASUREMENT. IT IS MORE PRECISE AND ACCURATE IN PRESENTING A COMPANY'S FINANCIAL STATUS.

EXPLANATION OF DIFFERENCE

1. SEASON TICKET SALES   — UNEARNED REVENUE
2. INDIV. GAME TICKETS   — ACCTS RECEIVABLE
3. CONCESSION SALES   — SAME
4. PLAYER SALARIES   — PREPAID SALARIES
5. RENT FOR STADIUM   — PREPAID EXP.

P3-A2 Concluded

b.

P3-A3 Fixation Enterprises

a. and c.

A.

1. TYPE B - ADJ. OF UNEARNED REVENUE
2. TYPE D - ADJ. OF ACCRUED REVENUE
3. TYPE C - ADJ. OF ACCRUED EXPENSE
4. TYPE A - ADJ. OF PREPAID EXPENSE
5. TYPE A - ADJ. OF PREPAID EXPENSE

C.

1. INCREASE REVENUE BY $500.00
2. INCREASES ACCTS RECEIVABLE BY $2,500.00
3. INCREASES SALARY EXPENSE BY $1,650.00
4. DECREASES OFFC. SUPPLIES ACCT BY $5,500.00
5. INCREASES PREP. EXP. BY $18,000.00

P3-A3 Concluded

b.

JOURNAL   PAGE

	DATE		DESCRIPTION	POST REF.	DEBIT	CREDIT	
1			UNEARNED REVENUE		1 5 0 0 00		1
2			REVENUE			5 0 0 00	2
3			ACCRUED REVENUE		2 5 0 0 00		3
4			ACCRUED SALARIES			1 6 5 0 00	4
5			OFC EQPT. ADJ.			5 5 0 0 00	5
6			PREPAID EXP. (RENT)		1 8 0 0 0 00		6
7			RENT EXP.			3 0 0 0 00	7
8							8
9							9
10							10
11							11
12							12
13							13
14							14
15							15
16							16
17							17
18							18
19							19
20							20
21							21
22							22
23							23
24							24
25							25
26							26
27							27
28							28
29							29
30							30
31							31
32							32

P3-A4 Holiday Company

JOURNAL   PAGE ____

	DATE	DESCRIPTION	POST REF.	DEBIT	CREDIT	
1		BLDG DEPRECIATION			7500 00	1
2		PREP. ADVERTISING		6500 00		2
3		ADVERTISING ADJ.			8000 00	3
4		ACCRUED SALARIES			3900 00	4
5		LEASE RECEIVABLE (ACC. REVENUE)		900 00		5
6		OFFC SUPPLIES		6990 00		6
7		OFFC SUPPLIES ADJ.			4800 00	7
8		UNEARNED REVENUE			24000 00	8
9		PREP. INSURANCE #1		9600 00		9
10		INSURANCE EXP #1 ADJ.			400 00	10
11		PREP. INSURANCE #2		1320 00		11
12		INSURANCE EXP #2 ADJ.			1320 00	12
13						13
14						14
15						15
16						16
17						17
18						18
19						19
20						20
21						21
22						22
23						23
24						24
25						25
26						26
27						27
28						28
29						29
30						30
31						31
32						32

P3-A4 Concluded

JOURNAL

PAGE

	DATE	DESCRIPTION	POST REF.	DEBIT	CREDIT	
1						1
2						2
3						3
4						4
5						5
6						6
7						7
8						8
9						9
10						10
11						11
12						12
13						13
14						14
15						15
16						16
17						17
18						18
19						19
20						20
21						21
22						22
23						23
24						24
25						25
26						26
27						27
28						28
29						29
30						30
31						31
32						32

Name _____

P3-A5 Costello Company

a.

		JOURNAL				PAGE	

<table>
<tr><th colspan="2">DATE</th><th>DESCRIPTION</th><th>POST REF.</th><th>DEBIT</th><th>CREDIT</th><th></th></tr>
<tr><td></td><td></td><td></td><td></td><td></td><td></td><td>1</td></tr>
<tr><td></td><td></td><td></td><td></td><td></td><td></td><td>2</td></tr>
</table>

c.

_____
_____
_____
_____
_____
_____
_____
_____

P3-A5   Costello Company

b.

Costello Company
Preparation of Adjusted Trial Balance
For the Year Ended December 31, 19XX

ACCOUNT	TRIAL BALANCE		ADJUSTMENTS		ADJUSTED TRIAL BALANCE	
	DR.	CR.	DR.	CR.	DR.	CR.
1						
2						
3						
4						
5						
6						
7						
8						
9						
10						
11						
12						
13						
14						
15						
16						
17						
18						
19						
20						
21						
22						
23						
24						
25						
26						
27						
28						
29						
30						
31						

P3-B1 Sinclair Consulting

a.

P3-B1   Concluded

b.

_____

_____

_____

_____

_____

_____

_____

_____

_____

_____

_____

_____

_____

_____

_____

_____

_____

_____

_____

_____

_____

_____

_____

_____

_____

_____

_____

_____

_____

P3-B2 Pump It Up

a.

P3-B2 Concluded

b.

P3-B3 Southlake Enterprises

a. and c.

_____

_____

_____

_____

_____

_____

_____

_____

_____

_____

_____

_____

_____

_____

_____

_____

_____

_____

_____

_____

_____

_____

_____

_____

_____

_____

_____

P3-B3 Concluded

b.

JOURNAL

PAGE

	DATE		DESCRIPTION	POST REF.	DEBIT	CREDIT	
1							1
2							2
3							3
4							4
5							5
6							6
7							7
8							8
9							9
10							10
11							11
12							12
13							13
14							14
15							15
16							16
17							17
18							18
19							19
20							20
21							21
22							22
23							23
24							24
25							25
26							26
27							27
28							28
29							29
30							30
31							31
32							32

P3-B4 Kathy's Day Care Center

JOURNAL

PAGE _____

	DATE		DESCRIPTION	POST REF.	DEBIT	CREDIT	
1							1
2							2
3							3
4							4
5							5
6							6
7							7
8							8
9							9
10							10
11							11
12							12
13							13
14							14
15							15
16							16
17							17
18							18
19							19
20							20
21							21
22							22
23							23
24							24
25							25
26							26
27							27
28							28
29							29
30							30
31							31
32							32

P3-B4 Concluded

JOURNAL

	DATE		DESCRIPTION	POST REF.	DEBIT	CREDIT	
1							1
2							2
3							3
4							4
5							5
6							6
7							7
8							8
9							9
10							10
11							11
12							12
13							13
14							14
15							15
16							16
17							17
18							18
19							19
20							20
21							21
22							22
23							23
24							24
25							25
26							26
27							27
28							28
29							29
30							30
31							31
32							32

Name _____

P3-B5 Logo Company

a.

	DATE		DESCRIPTION	POST REF.	DEBIT		CREDIT		
1									1
2									2
3									3
4									4
5									5
6									6
7									7
8									8
9									9
10									10
11									11
12									12
13									13
14									14
15									15
16									16
17									17
18									18
19									19
20									20
21									21
22									22

JOURNAL   PAGE

c.

_____

_____

_____

_____

_____

_____

_____

_____

_____

_____

P3-B5 Concluded

b.

Logo Company
Preparation of Adjusted Trial Balance
For the Year Ended December 31, 19XX

ACCOUNT	TRIAL BALANCE		ADJUSTMENTS		ADJUSTED TRIAL BALANCE	
	DR.	CR.	DR.	CR.	DR.	CR.
1						
2						
3						
4						
5						
6						
7						
8						
9						
10						
11						
12						
13						
14						
15						
16						
17						
18						
19						
20						
21						
22						
23						
24						
25						
26						
27						
28						
29						
30						
31						

EYH3-1 Accounting Periods

a.

EYH3-1   Concluded

b.

EYH3-2 Unearned Revenue

EYH3-2   Concluded

EYH3-3 Toro Company/Reader's Digest

a–e.

EYH3-3 Concluded

EYH3-4

a–e.

EYH3-4 Concluded

EYH3-5 Regal Pool Service

a.

Regal Pool Service

Monthly Income Statements

Accrual Basis

For the month of April										
For the month of May										
For the month of June										

EYH3-5 Regal Pool Service

EYH3-5   Continued

b.

Regal Pool Service

Monthly Income Statements

Cash Basis

For the month of April

For the month of May

For the month of June

EYH3-5 Continued

c.

_____
_____
_____
_____
_____
_____
_____
_____
_____
_____
_____
_____
_____
_____
_____
_____
_____
_____
_____
_____
_____
_____
_____
_____
_____
_____
_____
_____
_____
_____

EYH3-5 Concluded

d.

CAI3-1 Tandy Corporation

a.

_____
_____
_____
_____
_____
_____
_____
_____
_____
_____
_____
_____
_____
_____
_____
_____
_____
_____
_____
_____
_____
_____
_____
_____
_____
_____
_____
_____
_____
_____
_____
_____

CAI3-1   Concluded

b.

P4-A1 The Fit Firm

a.

JOURNAL

PAGE _____

	DATE		DESCRIPTION	POST REF.	DEBIT	CREDIT	
1							1
2							2
3							3
4							4
5							5
6							6
7							7
8							8
9							9
10							10
11							11
12							12
13							13
14							14
15							15
16							16
17							17
18							18
19							19
20							20
21							21
22							22
23							23
24							24
25							25
26							26
27							27
28							28
29							29
30							30
31							31
32							32

P4-A1 Concluded

b.

P4-A2 Columbia Repertory

a.

Columbia Repertory Theater
Work Sheet
For the Year Ended December 31, 19X6

ACCOUNT	ADJUSTED TRIAL BALANCE		INCOME STATEMENT		BALANCE SHEET	
	DR.	CR.	DR.	CR.	DR.	CR.
1						
2						
3						
4						
5						
6						
7						
8						
9						
10						
11						
12						
13						
14						
15						
16						
17						
18						
19						
20						
21						
22						
23						
24						
25						
26						
27						
28						
29						
30						
31						

P4-A2 Continued

b.

P4-A2 Continued

b.

	Columbia Repertory Theater									
	Income Statement									
	For the Year Ended December 31, 19X6									

P4-A2 Continued

b.

Columbia Repertory Theater

Statement of Owner's Equity

For the Year Ended December 31, 19X6

BEG. BAL	3 1 1 0 0 00		
INCREASES NET INCOME	3 3 0 0 00		
DECREASES OWNER WITHDRAW		3 4 0 0 00	
ENDING BAL.	3 1 0 0 0 00		

P4-A2 Continued

b.

Columbia Repertory Theater

Balance Sheet

December 31, 19X6

P4-A2 Concluded

c.

JOURNAL

	DATE		DESCRIPTION	POST REF.	DEBIT	CREDIT	
1							1
2							2
3							3
4							4
5							5
6							6
7							7
8							8
9							9
10							10
11							11
12							12
13							13
14							14
15							15
16							16
17							17
18							18
19							19
20							20
21							21
22							22
23							23
24							24
25							25
26							26
27							27
28							28
29							29
30							30
31							31
32							32

P4-A3 Occidental Employment

a. *The 10-column work sheet is on pages 148 and 149.*

P4-A3 Continued

a.

Occidental Employment Service

Work Sheet

For the Year Ended December 31, 19XX

	ACCOUNT	TRIAL BALANCE		ADJUSTMENTS		
		DEBIT	CREDIT	DEBIT	CREDIT	
1						1
2						2
3						3
4						4
5						5
6						6
7						7
8						8
9						9
10						10
11						11
12						12
13						13
14						14
15						15
16						16
17						17
18						18
19						19
20						20
21						21
22						22
23						23
24						24
25						25
26						26
27						27
28						28
29						29

P4-A3 Continued

a.

_____

_____

	ADJUSTED TRIAL BALANCE		INCOME STATEMENT		BALANCE SHEET		
	DEBIT	CREDIT	DEBIT	CREDIT	DEBIT	CREDIT	
1							1
2							2
3							3
4							4
5							5
6							6
7							7
8							8
9							9
10							10
11							11
12							12
13							13
14							14
15							15
16							16
17							17
18							18
19							19
20							20
21							21
22							22
23							23
24							24
25							25
26							26
27							27
28							28
29							29

Page not used

P4-A3 Continued

b.

Occidental Employment Service
Income Statement
For the Year Ended December 31, 19XX

Occidental Employment Service
Statement of Owner's Equity
For the Year Ended December 31, 19XX

P4-A3 Continued

b.

Occidental Employment Service

Balance Sheet

December 31, 19XX

P4-A3 Continued

c.

JOURNAL   PAGE _____

	DATE		DESCRIPTION	POST REF.	DEBIT	CREDIT	
1							1
2							2
3							3
4							4
5							5
6							6
7							7
8							8
9							9
10							10
11							11
12							12
13							13
14							14
15							15
16							16
17							17
18							18
19							19
20							20
21							21
22							22
23							23
24							24
25							25
26							26
27							27
28							28
29							29
30							30
31							31
32							32

P4-A3 Continued

d.

	DATE		DESCRIPTION	POST REF.	DEBIT	CREDIT	
1							1
2							2
3							3
4							4
5							5
6							6
7							7
8							8
9							9
10							10
11							11
12							12
13							13
14							14
15							15
16							16
17							17
18							18
19							19
20							20
21							21
22							22
23							23
24							24
25							25
26							26
27							27
28							28
29							29
30							30
31							31
32							32

JOURNAL   PAGE

P4-A3 Continued

e.

Occidental Employment Service
Post Closing Trial Balance
December 31, 19XX

P4-A3 Concluded

P4-A4 Wagner Company

Wagner Company

Balance Sheet

December 31, 19X1

P4-A4 Concluded

Wagner Company

Balance Sheet

December 31, 19X1

P4-A5 Detroit Company

a–b.

P4-A5 Concluded

P4-B1 Morton's Taxi Service

a.

	JOURNAL			PAGE	

	DATE		DESCRIPTION	POST REF.	DEBIT	CREDIT	
1							1
2							2
3							3
4							4
5							5
6							6
7							7
8							8
9							9
10							10
11							11
12							12
13							13
14							14
15							15
16							16
17							17
18							18
19							19
20							20
21							21
22							22
23							23
24							24
25							25
26							26
27							27
28							28
29							29
30							30
31							31
32							32

P4-B1 Concluded

JOURNAL

	DATE		DESCRIPTION	POST REF.	DEBIT	CREDIT	
1							1
2							2
3							3
4							4
5							5
6							6
7							7
8							8
9							9
10							10
11							11
12							12
13							13
14							14
15							15
16							16
17							17
18							18
19							19
20							20
21							21
22							22
23							23
24							24
25							25
26							26
27							27
28							28
29							29
30							30
31							31
32							32

P4-B2 Experts Systems Company

a.

Experts Systems Company
Work Sheet
For the Year Ended December 31, 19XX

ACCOUNT	ADJUSTED TRIAL BALANCE		INCOME STATEMENT		BALANCE SHEET	
	DR.	CR.	DR.	CR.	DR.	CR.

P4-B2 Continued

b.

Expert Systems Company

Income Statement

For the Year Ended December 31, 19X6

b.

Expert Systems Company

Statement of Owner's Equity

For the Year Ended December 31, 19XX

P4-B2 Continued

b.

Expert Systems Company

Balance Sheet

December 31, 19XX

P4-B2 Concluded

c.

JOURNAL

	DATE		DESCRIPTION	POST REF.	DEBIT		CREDIT		
1									1
2									2
3									3
4									4
5									5
6									6
7									7
8									8
9									9
10									10
11									11
12									12
13									13
14									14
15									15
16									16
17									17
18									18
19									19
20									20
21									21
22									22
23									23
24									24
25									25
26									26
27									27
28									28
29									29
30									30
31									31
32									32

P4-B3 Trimcraft Company

a. *The 10-column work sheet form is on pages 168 and 169.*

P4-B3 Continued

a.

Trimcraft Company

Work Sheet

For the Year Ended December 31, 19XX

ACCOUNT	TRIAL BALANCE		ADJUSTMENTS	
	DEBIT	CREDIT	DEBIT	CREDIT
1				
2				
3				
4				
5				
6				
7				
8				
9				
10				
11				
12				
13				
14				
15				
16				
17				
18				
19				
20				
21				
22				
23				
24				
25				
26				
27				
28				
29				

P4-B3 Continued

a.

_____

_____

	ADJUSTED TRIAL BALANCE		INCOME STATEMENT		BALANCE SHEET		
	DEBIT	CREDIT	DEBIT	CREDIT	DEBIT	CREDIT	
1							1
2							2
3							3
4							4
5							5
6							6
7							7
8							8
9							9
10							10
11							11
12							12
13							13
14							14
15							15
16							16
17							17
18							18
19							19
20							20
21							21
22							22
23							23
24							24
25							25
26							26
27							27
28							28
29							29

Page not used

P4-B3 Continued

b.

Trimcraft Company

Income Statement

For the Year Ended December 31, 19XX

Trimcraft Company

Statement of Owner's Equity

For the Year Ended December 31, 19XX

P4-B3 Continued

b.

Trimcraft Company

Balance Sheet

December 31, 19XX

P4-B3 Continued

c.

JOURNAL
PAGE

	DATE		DESCRIPTION	POST REF.	DEBIT	CREDIT	
1							1
2							2
3							3
4							4
5							5
6							6
7							7
8							8
9							9
10							10
11							11
12							12
13							13
14							14
15							15
16							16
17							17
18							18
19							19
20							20
21							21
22							22
23							23
24							24
25							25
26							26
27							27
28							28
29							29
30							30
31							31
32							32

P4-B3 Continued

d.

	DATE		DESCRIPTION	POST REF.	DEBIT	CREDIT	
1							1
2							2
3							3
4							4
5							5
6							6
7							7
8							8
9							9
10							10
11							11
12							12
13							13
14							14
15							15
16							16
17							17
18							18
19							19
20							20
21							21
22							22
23							23
24							24
25							25
26							26
27							27
28							28
29							29
30							30
31							31
32							32

JOURNAL   PAGE

P4-B3 Continued

e.

	Trimcraft Company										
	Post-Closing Trial Balance										
	December 31, 19XX										

P4-B3 Concluded

P4-B4 Kravitz Company

Kravitz Company

Balance Sheet

December 31, 19X1

P4-B4   Concluded

P4-B5 New York Company

a.

P4-B5 Concluded

b.

EYH4-1 Closing Experiences

_____
_____
_____
_____
_____
_____
_____
_____
_____
_____
_____
_____
_____
_____
_____
_____
_____
_____
_____
_____
_____
_____
_____
_____
_____
_____
_____
_____
_____
_____
_____
_____

EYH4-1 Concluded

EYH4-2 Unique Current Items

EYH4-2 Concluded

EYH4-3 Liquidity Differences

a.

EYH4-3 Concluded

b.

EYH4-4 Nike, Inc.

a–f.

EYH4-4 Concluded

EYH4-5

a–f.

EYH4-5 Concluded

EYH4-6 Apache Plastics

a–c.

_____

_____

_____

_____

_____

_____

_____

_____

_____

_____

_____

_____

_____

_____

_____

_____

_____

_____

_____

_____

_____

_____

_____

_____

_____

_____

_____

_____

_____

_____

_____

EYH4-6 Concluded

CAI4-1 MCI Communications

a.

CAI4-1 Continued

CAI4-1   Continued

CAI4-1 Concluded

b.

	MCI Communications										
	Balance Sheet										
	December 31, 19X0										

Comprehensive Problem 1 Hamilton Company

a.

JOURNAL   PAGE _____

	DATE		DESCRIPTION	POST REF.	DEBIT	CREDIT	
1							1
2							2
3							3
4							4
5							5
6							6
7							7
8							8
9							9
10							10
11							11
12							12
13							13
14							14
15							15
16							16
17							17
18							18
19							19
20							20
21							21
22							22
23							23
24							24
25							25
26							26
27							27
28							28
29							29
30							30
31							31
32							32

Comprehensive Problem 1 Continued

a.

JOURNAL

PAGE

	DATE	DESCRIPTION	POST REF.	DEBIT	CREDIT	
1						1
2						2
3						3
4						4
5						5
6						6
7						7
8						8
9						9
10						10
11						11
12						12
13						13
14						14
15						15
16						16
17						17
18						18
19						19
20						20
21						21
22						22
23						23
24						24
25						25
26						26
27						27
28						28
29						29
30						30
31						31
32						32

Comprehensive Problem 1 Continued

b.

CASH
ACCOUNT 110

DATE		EXPLANATION	POST REF.	DEBIT	CREDIT	BALANCE

ACCOUNTS RECEIVABLE
ACCOUNT 120

DATE		EXPLANATION	POST REF.	DEBIT	CREDIT	BALANCE

PREPAID INSURANCE
ACCOUNT 130

DATE		EXPLANATION	POST REF.	DEBIT	CREDIT	BALANCE

OFFICE SUPPLIES
ACCOUNT 135

DATE		EXPLANATION	POST REF.	DEBIT	CREDIT	BALANCE

Comprehensive Problem 1 Continued

b.

OFFICE EQUIPMENT   ACCOUNT 140

DATE	EXPLANATION	POST REF.	DEBIT	CREDIT	BALANCE

ACCUMULATED DEPRECIATION: OFFICE EQUIPMENT   ACCOUNT 141

DATE	EXPLANATION	POST REF.	DEBIT	CREDIT	BALANCE

BUILDING   ACCOUNT 150

DATE	EXPLANATION	POST REF.	DEBIT	CREDIT	BALANCE

ACCUMULATED DEPRECIATION: BUILDING   ACCOUNT 151

DATE	EXPLANATION	POST REF.	DEBIT	CREDIT	BALANCE

Comprehensive Problem 1 Continued

b.

ACCOUNTS PAYABLE   ACCOUNT 210

DATE	EXPLANATION	POST REF.	DEBIT	CREDIT	BALANCE

WAGES PAYABLE   ACCOUNT 220

DATE	EXPLANATION	POST REF.	DEBIT	CREDIT	BALANCE

INTEREST PAYABLE   ACCOUNT 230

DATE	EXPLANATION	POST REF.	DEBIT	CREDIT	BALANCE

UTILITIES PAYABLE   ACCOUNT 240

DATE	EXPLANATION	POST REF.	DEBIT	CREDIT	BALANCE

UNEARNED SERVICE REVENUE   ACCOUNT 250

DATE	EXPLANATION	POST REF.	DEBIT	CREDIT	BALANCE

Comprehensive Problem 1 Continued

b.

LOAN PAYABLE   ACCOUNT 260

DATE		EXPLANATION	POST REF.	DEBIT	CREDIT	BALANCE

MARC NICHOLS, CAPITAL   ACCOUNT 310

DATE		EXPLANATION	POST REF.	DEBIT	CREDIT	BALANCE

MARC NICHOLS, DRAWING   ACCOUNT 320

DATE		EXPLANATION	POST REF.	DEBIT	CREDIT	BALANCE

INCOME SUMMARY   ACCOUNT 330

DATE		EXPLANATION	POST REF.	DEBIT	CREDIT	BALANCE

Comprehensive Problem 1 Continued

b.

SERVICE REVENUE   ACCOUNT 410

DATE		EXPLANATION	POST REF.	DEBIT	CREDIT	BALANCE

COMPUTER SERVICE EXPENSE   ACCOUNT 510

DATE		EXPLANATION	POST REF.	DEBIT	CREDIT	BALANCE

WAGE EXPENSE   ACCOUNT 520

DATE		EXPLANATION	POST REF.	DEBIT	CREDIT	BALANCE

INSURANCE EXPENSE   ACCOUNT 530

DATE		EXPLANATION	POST REF.	DEBIT	CREDIT	BALANCE

Comprehensive Problem 1 Continued

b.

OFFICE SUPPLIES EXPENSE — ACCOUNT 540

DATE	EXPLANATION	POST REF.	DEBIT	CREDIT	BALANCE

DEPRECIATION EXPENSE — ACCOUNT 550

DATE	EXPLANATION	POST REF.	DEBIT	CREDIT	BALANCE

UTILITIES EXPENSE — ACCOUNT 560

DATE	EXPLANATION	POST REF.	DEBIT	CREDIT	BALANCE

INTEREST EXPENSE — ACCOUNT 570

DATE	EXPLANATION	POST REF.	DEBIT	CREDIT	BALANCE

Comprehensive Problem 1 Continued

b.

MISCELLANEOUS EXPENSE   ACCOUNT 580

DATE		EXPLANATION	POST REF.	DEBIT	CREDIT	BALANCE

ACCOUNT

DATE		EXPLANATION	POST REF.	DEBIT	CREDIT	BALANCE

ACCOUNT

DATE		EXPLANATION	POST REF.	DEBIT	CREDIT	BALANCE

ACCOUNT

DATE		EXPLANATION	POST REF.	DEBIT	CREDIT	BALANCE

Comprehensive Problem 1   Continued

b.

ACCOUNT

DATE	EXPLANATION	POST REF.	DEBIT	CREDIT	BALANCE

ACCOUNT

DATE	EXPLANATION	POST REF.	DEBIT	CREDIT	BALANCE

ACCOUNT

DATE	EXPLANATION	POST REF.	DEBIT	CREDIT	BALANCE

ACCOUNT

DATE	EXPLANATION	POST REF.	DEBIT	CREDIT	BALANCE

Comprehensive Problem 1 Continued

c. *The 10-column work sheet form is on pages 208 and 209.*

Comprehensive Problem 1 Continued

c.

Hamilton Company

Work Sheet

For the Year Ended May 31, 19XX

	TRIAL BALANCE		ADJUSTMENTS	
ACCOUNT	DEBIT	CREDIT	DEBIT	CREDIT
1				
2				
3				
4				
5				
6				
7				
8				
9				
10				
11				
12				
13				
14				
15				
16				
17				
18				
19				
20				
21				
22				
23				
24				
25				
26				
27				
28				
29				

Comprehensive Problem 1 Continued

c.

	ADJUSTED TRIAL BALANCE		INCOME STATEMENT		BALANCE SHEET		
	DEBIT	CREDIT	DEBIT	CREDIT	DEBIT	CREDIT	
1							1
2							2
3							3
4							4
5							5
6							6
7							7
8							8
9							9
10							10
11							11
12							12
13							13
14							14
15							15
16							16
17							17
18							18
19							19
20							20
21							21
22							22
23							23
24							24
25							25
26							26
27							27
28							28
29							29

Page not used

Comprehensive Problem 1 Continued

d.

Hamilton Company

Income Statement

For the Month Ended May, 19XX

Comprehensive Problem 1 Continued

d.

	Hamilton Company												
	Statement of Owner's Equity												
	For the Month Ended May, 19XX												

Comprehensive Problem 1 Continued

d.

Hamilton Company

Balance Sheet

May 31, 19XX

Comprehensive Problem 1 Continued

e.

JOURNAL   PAGE _____

	DATE		DESCRIPTION	POST REF.	DEBIT	CREDIT	
1							1
2							2
3							3
4							4
5							5
6							6
7							7
8							8
9							9
10							10
11							11
12							12
13							13
14							14
15							15
16							16
17							17
18							18
19							19
20							20
21							21
22							22
23							23
24							24
25							25
26							26
27							27
28							28
29							29
30							30
31							31
32							32

Comprehensive Problem 1 Continued

f.

JOURNAL

PAGE _____

	DATE		DESCRIPTION	POST REF.	DEBIT	CREDIT	
1							1
2							2
3							3
4							4
5							5
6							6
7							7
8							8
9							9
10							10
11							11
12							12
13							13
14							14
15							15
16							16
17							17
18							18
19							19
20							20
21							21
22							22
23							23
24							24
25							25
26							26
27							27
28							28
29							29
30							30
31							31
32							32

Comprehensive Problem 1 Concluded

g.

Hamilton Company		
Post-Closing Trial Balance		
May 31, 19XX		

P5-A1 Poteet and Catalina

a.

JOURNAL

PAGE _____

	DATE		DESCRIPTION	POST REF.	DEBIT	CREDIT	
1							1
2							2
3							3
4							4
5							5
6							6
7							7
8							8
9							9
10							10
11							11
12							12
13							13
14							14
15							15
16							16
17							17
18							18
19							19
20							20
21							21
22							22
23							23
24							24
25							25
26							26
27							27
28							28
29							29
30							30
31							31
32							32

P5-A1 Poteet and Catalina

P5-A1   Continued

b.

JOURNAL   PAGE

	DATE		DESCRIPTION	POST REF.	DEBIT	CREDIT	
1							1
2							2
3							3
4							4
5							5
6							6
7							7
8							8
9							9
10							10
11							11
12							12
13							13
14							14
15							15
16							16
17							17
18							18
19							19
20							20
21							21
22							22
23							23
24							24
25							25
26							26
27							27
28							28
29							29
30							30
31							31
32							32

P5-A1 Continued

c.

	DATE		DESCRIPTION	POST REF.	DEBIT	CREDIT	
1							1
2							2
3							3
4							4
5							5
6							6
7							7
8							8
9							9
10							10
11							11
12							12
13							13
14							14
15							15
16							16
17							17
18							18
19							19
20							20
21							21
22							22
23							23
24							24
25							25
26							26
27							27
28							28
29							29
30							30
31							31
32							32

JOURNAL   PAGE

P5-A1　Concluded

c.

P5-A2 Beth Dotterer

a.

JOURNAL   PAGE _____

	DATE		DESCRIPTION	POST REF.	DEBIT	CREDIT	
1							1
2							2
3							3
4							4
5							5
6							6
7							7
8							8
9							9
10							10
11							11
12							12
13							13
14							14
15							15
16							16
17							17
18							18
19							19
20							20
21							21
22							22
23							23
24							24
25							25
26							26
27							27
28							28
29							29
30							30
31							31
32							32

P5-A2 Concluded

b.

JOURNAL   PAGE

	DATE		DESCRIPTION	POST REF.	DEBIT	CREDIT	
1							1
2							2
3							3
4							4
5							5
6							6
7							7
8							8
9							9
10							10
11							11
12							12
13							13
14							14
15							15
16							16
17							17
18							18
19							19
20							20
21							21
22							22

c.

P5-A3 Home Entertainment

_____

_____

_____

_____

_____

_____

_____

_____

_____

_____

_____

_____

_____

_____

_____

_____

_____

_____

_____

_____

_____

_____

_____

_____

_____

_____

_____

_____

_____

_____

P5-A3 Home Entertainment

P5-A3 Concluded

P5-A4 Juarez Corporation

a.

Juarez Corporation

Income Statement

For the Year Ended November 30, 19XX

P5-A4 Concluded

b.

P5-A5 Westbrook Enterprises

a.

P5-A5 Continued

b.

JOURNAL

PAGE

	DATE		DESCRIPTION	POST REF.	DEBIT	CREDIT	
1							1
2							2
3							3
4							4
5							5
6							6
7							7
8							8
9							9
10							10
11							11
12							12
13							13
14							14
15							15
16							16
17							17
18							18
19							19
20							20
21							21
22							22
23							23
24							24
25							25
26							26
27							27
28							28
29							29
30							30
31							31
32							32

P5-A5 Continued

c–d.

P5-A5 Concluded

P5-A6 Wheaton Company

a. *Use the 10-column form found on pages 232 and 233.*

P5-A6 Continued

a.

Wheaton Company

Work Sheet

For the Year Ended December 31, 19XX

	ACCOUNT	TRIAL BALANCE		ADJUSTMENTS		
		DEBIT	CREDIT	DEBIT	CREDIT	
1						1
2						2
3						3
4						4
5						5
6						6
7						7
8						8
9						9
10						10
11						11
12						12
13						13
14						14
15						15
16						16
17						17
18						18
19						19
20						20
21						21
22						22
23						23
24						24
25						25
26						26
27						27
28						28
29						29

P5-A6 Continued

a.

	ADJUSTED TRIAL BALANCE		INCOME STATEMENT		BALANCE SHEET	
	DEBIT	CREDIT	DEBIT	CREDIT	DEBIT	CREDIT
1						
2						
3						
4						
5						
6						
7						
8						
9						
10						
11						
12						
13						
14						
15						
16						
17						
18						
19						
20						
21						
22						
23						
24						
25						
26						
27						
28						
29						

Page not used

P5-A6 Continued

b.

Wheaton Company

Income Statement

For the Year Ended December 31, 19XX

P5-A6 Continued

b.

Wheaton Company

Statement of Owner's Equity

For the Year Ended December 31, 19XX

P5-A6 Continued

b.

Wheaton Company

Balance Sheet

December 31, 19XX

P5-A6 Continued

P5-A6 Continued

c.

JOURNAL

PAGE

	DATE		DESCRIPTION	POST REF.	DEBIT	CREDIT	
1							1
2							2
3							3
4							4
5							5
6							6
7							7
8							8
9							9
10							10
11							11
12							12
13							13
14							14
15							15
16							16
17							17
18							18
19							19
20							20
21							21
22							22
23							23
24							24
25							25
26							26
27							27
28							28
29							29
30							30
31							31
32							32

P5-A6 Continued

d.

	DATE		DESCRIPTION	POST REF.	DEBIT	CREDIT	
1							1
2							2
3							3
4							4
5							5
6							6
7							7
8							8
9							9
10							10
11							11
12							12
13							13
14							14
15							15
16							16
17							17
18							18
19							19
20							20
21							21
22							22
23							23
24							24
25							25
26							26
27							27
28							28
29							29
30							30
31							31
32							32

JOURNAL   PAGE

P5-A6 Concluded

JOURNAL

PAGE

	DATE		DESCRIPTION	POST REF.	DEBIT	CREDIT	
1							1
2							2
3							3
4							4
5							5
6							6
7							7
8							8
9							9
10							10
11							11
12							12
13							13
14							14
15							15
16							16
17							17
18							18
19							19
20							20
21							21
22							22
23							23
24							24
25							25
26							26
27							27
28							28
29							29
30							30
31							31
32							32

P5-A6 Concluded

P5-B1 Patrick Company

JOURNAL

PAGE _____

	DATE		DESCRIPTION	POST REF.	DEBIT	CREDIT	
1							1
2							2
3							3
4							4
5							5
6							6
7							7
8							8
9							9
10							10
11							11
12							12
13							13
14							14
15							15
16							16
17							17
18							18
19							19
20							20
21							21
22							22
23							23
24							24
25							25
26							26
27							27
28							28
29							29
30							30
31							31
32							32

P5-B1 Concluded

JOURNAL

PAGE

	DATE	DESCRIPTION	POST REF.	DEBIT	CREDIT	
1						1
2						2
3						3
4						4
5						5
6						6
7						7
8						8
9						9
10						10
11						11
12						12
13						13
14						14
15						15
16						16
17						17
18						18
19						19
20						20
21						21
22						22
23						23
24						24
25						25
26						26
27						27
28						28
29						29
30						30
31						31
32						32

P5-B2   Beautiful Face

a.

JOURNAL   PAGE _____

	DATE		DESCRIPTION	POST REF.	DEBIT	CREDIT	
1							1
2							2
3							3
4							4
5							5
6							6
7							7
8							8
9							9
10							10
11							11
12							12
13							13
14							14
15							15
16							16
17							17
18							18
19							19
20							20
21							21
22							22
23							23
24							24
25							25
26							26
27							27
28							28
29							29
30							30
31							31
32							32

P5-B2 Concluded

b.

JOURNAL

PAGE _____

	DATE		DESCRIPTION	POST REF.	DEBIT	CREDIT	
1							1
2							2
3							3
4							4
5							5
6							6
7							7
8							8
9							9
10							10
11							11
12							12
13							13
14							14
15							15
16							16
17							17
18							18
19							19
20							20
21							21
22							22
23							23
24							24
25							25
26							26
27							27
28							28
29							29
30							30
31							31
32							32

P5-B3 Second Time Around

_____

_____

_____

_____

_____

_____

_____

_____

_____

_____

_____

_____

_____

_____

_____

_____

_____

_____

_____

_____

_____

_____

_____

_____

_____

_____

_____

_____

_____

P5-B3 Concluded

P5-B4 Hanson Corporation

a.

Hanson Corporation

Income Statement

For the Year Ended September 30, 19X4

P5-B4 Concluded

b.

P5-B5 Hidden Valley, Inc.

a.

b.

JOURNAL

PAGE

	DATE		DESCRIPTION	POST REF.	DEBIT	CREDIT	
1							1
2							2
3							3
4							4
5							5
6							6
7							7
8							8
9							9
10							10
11							11
12							12
13							13
14							14
15							15
16							16
17							17
18							18
19							19
20							20

P5-B5   Concluded

c–d.

P5-B6 Phoenix Appliance

a. *Use the 10-column form found on pages 252 and 253.*

P5-B6 Continued

a.

Phoenix Appliance

Work Sheet

For the Year Ended December 31, 19XX

ACCOUNT	TRIAL BALANCE		ADJUSTMENTS	
	DEBIT	CREDIT	DEBIT	CREDIT
1				
2				
3				
4				
5				
6				
7				
8				
9				
10				
11				
12				
13				
14				
15				
16				
17				
18				
19				
20				
21				
22				
23				
24				
25				
26				
27				
28				
29				

P5-B6 Continued

a.

	ADJUSTED TRIAL BALANCE		INCOME STATEMENT		BALANCE SHEET		
	DEBIT	CREDIT	DEBIT	CREDIT	DEBIT	CREDIT	
1							1
2							2
3							3
4							4
5							5
6							6
7							7
8							8
9							9
10							10
11							11
12							12
13							13
14							14
15							15
16							16
17							17
18							18
19							19
20							20
21							21
22							22
23							23
24							24
25							25
26							26
27							27
28							28
29							29

Page not used

P5-B6 Continued

b.

Phoenix Appliance

Income Statement

For the Year Ended December 31, 19XX

P5-B6 Continued

b.

Phoenix Appliance

Statement of Owner's Equity

For the Year Ended December 31, 19XX

P5-B6 Continued

b.

Phoenix Appliance

Balance Sheet

December 31, 19XX

P5-B6 Continued

c.

JOURNAL

PAGE

	DATE		DESCRIPTION	POST REF.	DEBIT		CREDIT		
1									1
2									2
3									3
4									4
5									5
6									6
7									7
8									8
9									9
10									10
11									11
12									12
13									13
14									14
15									15
16									16
17									17
18									18
19									19
20									20
21									21
22									22
23									23
24									24
25									25
26									26
27									27
28									28
29									29
30									30
31									31
32									32

P5-B6 Continued

d.

JOURNAL

PAGE

	DATE		DESCRIPTION	POST REF.	DEBIT	CREDIT	
1							1
2							2
3							3
4							4
5							5
6							6
7							7
8							8
9							9
10							10
11							11
12							12
13							13
14							14
15							15
16							16
17							17
18							18
19							19
20							20
21							21
22							22
23							23
24							24
25							25
26							26
27							27
28							28
29							29
30							30
31							31
32							32

P5-B6 Concluded

JOURNAL   PAGE

	DATE		DESCRIPTION	POST REF.	DEBIT	CREDIT	
1							1
2							2
3							3
4							4
5							5
6							6
7							7
8							8
9							9
10							10
11							11
12							12
13							13
14							14
15							15
16							16
17							17
18							18
19							19
20							20
21							21
22							22
23							23
24							24
25							25
26							26
27							27
28							28
29							29
30							30
31							31
32							32

EYH5-1 Sales Returns

EYH5-1 Concluded

EYH5-2 Cash Discounts

EYH5-2 Concluded

EYH5-3 Merchandising Systems

EYH5-3 Concluded

EYH5-4 Nordstrom, Inc./Office Depot Inc.

a–d.

EYH5-4 Concluded

EYH5-5

a–d.

EYH5-5 Concluded

EYH5-6 Paul Davis

a–e.

EYH5-6 Concluded

CAI5-1 Woolworth Corp.

CAI5-1   Concluded

P6-A1 Haskell Company

a–d.

P6-A1 Concluded

P6-A2 Pro Auto Supply

a–c.

P6-A2 Concluded

P6-A3 Express Boat Repair

a.

JOURNAL   PAGE

	DATE		DESCRIPTION	POST REF.	DEBIT	CREDIT	
1							1
2							2
3							3
4							4
5							5
6							6
7							7
8							8
9							9
10							10
11							11
12							12
13							13
14							14
15							15
16							16
17							17
18							18
19							19
20							20
21							21
22							22
23							23
24							24
25							25
26							26
27							27
28							28
29							29
30							30
31							31
32							32

P6-A3 Continued

b.

CASH   ACCOUNT 101

DATE	EXPLANATION	POST REF.	DEBIT	CREDIT	BALANCE

OFFICE SUPPLIES   ACCOUNT 120

DATE	EXPLANATION	POST REF.	DEBIT	CREDIT	BALANCE

MACHINERY   ACCOUNT130

DATE	EXPLANATION	POST REF.	DEBIT	CREDIT	BALANCE

P6-A3 Continued

b.

ACCUMULATED DEPRECIATION   ACCOUNT 131

DATE	EXPLANATION	POST REF.	DEBIT	CREDIT	BALANCE

UTILITIES PAYABLE   ACCOUNT 200

DATE	EXPLANATION	POST REF.	DEBIT	CREDIT	BALANCE

INTEREST PAYABLE   ACCOUNT 210

DATE	EXPLANATION	POST REF.	DEBIT	CREDIT	BALANCE

P6-A3 Continued

b.

LOAN PAYABLE   ACCOUNT 220

DATE	EXPLANATION	POST REF.	DEBIT	CREDIT	BALANCE

KEITH PRICE, CAPITAL   ACCOUNT 310

DATE	EXPLANATION	POST REF.	DEBIT	CREDIT	BALANCE

KEITH PRICE, DRAWING   ACCOUNT 320

DATE	EXPLANATION	POST REF.	DEBIT	CREDIT	BALANCE

P6-A3 Continued

b.

SERVICE REVENUE   ACCOUNT 410

DATE	EXPLANATION	POST REF.	DEBIT	CREDIT	BALANCE

OFFICE SUPPLIES EXPENSE   ACCOUNT 500

DATE	EXPLANATION	POST REF.	DEBIT	CREDIT	BALANCE

ADVERTISING EXPENSE   ACCOUNT 510

DATE	EXPLANATION	POST REF.	DEBIT	CREDIT	BALANCE

P6-A3 Continued

b.

UTILITIES EXPENSE   ACCOUNT 520

DATE	EXPLANATION	POST REF.	DEBIT	CREDIT	BALANCE

RENT EXPENSE   ACCOUNT 530

DATE	EXPLANATION	POST REF.	DEBIT	CREDIT	BALANCE

DEPRECIATION EXPENSE   ACCOUNT 540

DATE	EXPLANATION	POST REF.	DEBIT	CREDIT	BALANCE

P6-A3 Continued

b.

INTEREST EXPENSE   ACCOUNT 550

DATE		EXPLANATION	POST REF.	DEBIT	CREDIT	BALANCE

ACCOUNT

DATE		EXPLANATION	POST REF.	DEBIT	CREDIT	BALANCE

ACCOUNT

DATE		EXPLANATION	POST REF.	DEBIT	CREDIT	BALANCE

P6-A3 Continued

b.

Express Boat Repair

Adjusted Trial Balance

January 31, 19X5

P6-A3 Continued

b.

Express Boat Repair

Income Statement

For the Month Ended January 31, 19X5

Express Boat Repair

Statement of Owner's Equity

For the Month Ended January 31, 19X5

P6-A3 Concluded

b.

Express Boat Repair

Balance Sheet

January 31, 19X5

P6-A4 Control Evaluation

a–f.

P6-A4 Concluded

P6-A5 First Church

P6-A5 Concluded

P6-B1   Bismarck Company

a–d.

P6-B1 Concluded

P6-B2 Austin Products

a–d.

P6-B2 Concluded

P6-B3 Tri Cities Automotive

a.

JOURNAL   PAGE ____

	DATE		DESCRIPTION	POST REF.	DEBIT	CREDIT	
1							1
2							2
3							3
4							4
5							5
6							6
7							7
8							8
9							9
10							10
11							11
12							12
13							13
14							14
15							15
16							16
17							17
18							18
19							19
20							20
21							21
22							22
23							23
24							24
25							25
26							26
27							27
28							28
29							29
30							30
31							31
32							32

P6-B3 Continued

a.

JOURNAL

PAGE

	DATE		DESCRIPTION	POST REF.	DEBIT	CREDIT	
1							1
2							2
3							3
4							4
5							5
6							6
7							7
8							8
9							9
10							10
11							11
12							12
13							13
14							14
15							15
16							16
17							17
18							18
19							19
20							20
21							21
22							22
23							23
24							24
25							25
26							26
27							27
28							28
29							29
30							30
31							31
32							32

P6-B3 Continued

b.

CASH   ACCOUNT 100

DATE		EXPLANATION	POST REF.	DEBIT	CREDIT	BALANCE

SUPPLIES   ACCOUNT 110

DATE		EXPLANATION	POST REF.	DEBIT	CREDIT	BALANCE

EQUIPMENT   ACCOUNT 120

DATE		EXPLANATION	POST REF.	DEBIT	CREDIT	BALANCE

P6-B3 Continued

b.

ACCUMULATED DEPRECIATION
ACCOUNT 121

DATE		EXPLANATION	POST REF.	DEBIT	CREDIT	BALANCE

UTILITIES PAYABLE
ACCOUNT 200

DATE		EXPLANATION	POST REF.	DEBIT	CREDIT	BALANCE

LOAN PAYABLE
ACCOUNT 210

DATE		EXPLANATION	POST REF.	DEBIT	CREDIT	BALANCE

P6-B3 Continued

b.

INTEREST PAYABLE

DATE	EXPLANATION	POST REF.	DEBIT	CREDIT	BALANCE

BUDDY HAWKINS, CAPITAL

DATE	EXPLANATION	POST REF.	DEBIT	CREDIT	BALANCE

BUDDY HAWKINS, DRAWING

DATE	EXPLANATION	POST REF.	DEBIT	CREDIT	BALANCE

P6-B3 Continued

b.

SERVICE REVENUE   ACCOUNT 400

DATE		EXPLANATION	POST REF.	DEBIT	CREDIT	BALANCE

SUPPLIES EXPENSE   ACCOUNT 500

DATE		EXPLANATION	POST REF.	DEBIT	CREDIT	BALANCE

INSURANCE EXPENSE   ACCOUNT 510

DATE		EXPLANATION	POST REF.	DEBIT	CREDIT	BALANCE

P6-B3 Continued

b.

RENT EXPENSE   ACCOUNT 520

DATE	EXPLANATION	POST REF.	DEBIT	CREDIT	BALANCE

UTILITIES EXPENSE   ACCOUNT 530

DATE	EXPLANATION	POST REF.	DEBIT	CREDIT	BALANCE

DEPRECIATION EXPENSE   ACCOUNT 540

DATE	EXPLANATION	POST REF.	DEBIT	CREDIT	BALANCE

P6-B3 Continued

b.

INTEREST EXPENSE

DATE		EXPLANATION	POST REF.	DEBIT	CREDIT	BALANCE

ACCOUNT

DATE		EXPLANATION	POST REF.	DEBIT	CREDIT	BALANCE

ACCOUNT

DATE		EXPLANATION	POST REF.	DEBIT	CREDIT	BALANCE

P6-B3 Continued

b.

Tri Cities Automotive

Adjusted Trial Balance

January 31, 19X3

P6-B3 Continued

b.

Tri Cities Automotive

Income Statement

For the Month Ended January 31, 19X3

P6-B3 Continued

b.

Tri Cities Automotive

Statement of Owner's Equity

For the Month Ended January 31, 19X3

P6-B3 Concluded

b.

Tri Cities Automotive

Balance Sheet

January 31, 19X3

P6-B4 Control Evaluation

a–f.

_____

_____

_____

_____

_____

_____

_____

_____

_____

_____

_____

_____

_____

_____

_____

_____

_____

_____

_____

_____

_____

_____

_____

_____

_____

_____

_____

_____

_____

P6-B4 Concluded

P6-B5 Jimmy's

a.

_____
_____
_____
_____
_____
_____
_____
_____
_____
_____
_____
_____
_____
_____
_____
_____
_____
_____
_____
_____
_____
_____
_____
_____
_____
_____
_____
_____
_____
_____
_____
_____
_____
_____
_____
_____

P6-B5 Concluded

b.

EYH6-1 Accounting Software Packages

EYHB6-1 Concluded

EYH6-2 Internal Control and CPAs

EYH6-2 Concluded

EYH6-3 Computer Crime

EYH6-3 Concluded

EYH6-4 Eagle Engineering

a.

EYH6-4 Concluded

b.

	Engineering Services	Accounting & Finance	Marketing
Items of equipment owned			
Slow-paying accounts			
Budget vs. actual year-to-date expenditures			
Worker's compensation claims			
Construction costs by job			
Analysis of fringe benefits			
New contracts signed			
Entertainment expenditures			
Unemployment rates and Gross Domestic Product (GDP) data			

CAI6-1 United Technologies

CAI6-1 Concluded

P7-A1 Maverick Foods

a–d.

P7-A1   Concluded

P7-A2 Jan Clayton

a–i.

P7-A2 Concluded

P7-A3 Garjullo Canning

P7-A3 Concluded

P7-B1 Libby Co.

a–d.

P7-B1   Concluded

P7-B2 Skip Dowdy

a–i.

P7-B2 Concluded

P7-B3 Tacoma Paper

P7-B3 Concluded

EYH7-1 Quality of Earnings

EYH7-1 Concluded

EYH7-2 Annual Reports

EYH7-2 Concluded

EYH7-3 Letter to Stockholders

EYH7-3 Concluded

CAl7-1 ATP Industries

CAI7-1 Concluded

P8-A1 Performance Auto Repair

a–c.

P8-A1 Concluded

P8-A2 Eason Company

a.

Eason Company

Bank Reconciliation

December 31, 19XX

P8-A2 Concluded

b.

JOURNAL   PAGE

	DATE	DESCRIPTION	POST REF.	DEBIT	CREDIT	
1						1
2						2
3						3
4						4
5						5
6						6
7						7
8						8
9						9
10						10
11						11
12						12
13						13
14						14
15						15
16						16
17						17
18						18
19						19
20						20

c.

P8-A3 The Union Company

a.

The Union Company

Bank Reconciliation

May 31, 19XX

P8-A3 Concluded

b.

JOURNAL

	DATE		DESCRIPTION	POST REF.	DEBIT	CREDIT	
1							1
2							2
3							3
4							4
5							5
6							6
7							7
8							8
9							9
10							10
11							11
12							12
13							13
14							14
15							15
16							16
17							17
18							18
19							19
20							20
21							21
22							22
23							23
24							24
25							25
26							26
27							27
28							28
29							29
30							30
31							31
32							32

P8-A4 United Enterprises

a.

JOURNAL

PAGE _____

	DATE	DESCRIPTION	POST REF.	DEBIT	CREDIT	
1						1
2						2
3						3
4						4
5						5
6						6
7						7
8						8
9						9
10						10
11						11
12						12
13						13
14						14
15						15
16						16
17						17
18						18
19						19
20						20
21						21
22						22
23						23
24						24
25						25
26						26
27						27
28						28
29						29
30						30
31						31
32						32

P8-A4 Concluded

b.

P8-A5 Redford Company

a.

JOURNAL

PAGE

	DATE		DESCRIPTION	POST REF.	DEBIT	CREDIT	
1							1
2							2
3							3
4							4
5							5
6							6
7							7
8							8
9							9
10							10
11							11
12							12
13							13
14							14

b.

JOURNAL

PAGE

	DATE		DESCRIPTION	POST REF.	DEBIT	CREDIT	
1							1
2							2
3							3
4							4
5							5
6							6
7							7
8							8
9							9
10							10
11							11
12							12
13							13
14							14

P8-A5 Concluded

c–e.

	DATE		DESCRIPTION	POST REF.	DEBIT	CREDIT	
1							1
2							2
3							3
4							4
5							5
6							6
7							7
8							8
9							9
10							10
11							11
12							12
13							13
14							14
15							15
16							16
17							17
18							18
19							19
20							20
21							21
22							22
23							23
24							24
25							25
26							26
27							27
28							28
29							29
30							30
31							31
32							32

JOURNAL   PAGE

P8-B1 Gateway, Inc.

a.

P8-B1 Concluded

b.

P8-B2 Elshazly Company

a.

Elshazly Company

Bank Reconciliation

October 31, 19XX

P8-B2 Concluded

b.

JOURNAL

PAGE

	DATE		DESCRIPTION	POST REF.	DEBIT	CREDIT	
1							1
2							2
3							3
4							4
5							5
6							6
7							7
8							8
9							9
10							10
11							11
12							12
13							13
14							14
15							15
16							16
17							17
18							18
19							19
20							20

c.

P8-B3 Whitlow Corporation

a.

Whitlow Corporation

Bank Reconciliation

September 30, 19XX

P8-B3 Concluded

b.

JOURNAL

PAGE

	DATE	DESCRIPTION	POST REF.	DEBIT	CREDIT	
1						1
2						2
3						3
4						4
5						5
6						6
7						7
8						8
9						9
10						10
11						11
12						12
13						13
14						14
15						15
16						16
17						17
18						18
19						19
20						20
21						21
22						22
23						23
24						24
25						25
26						26
27						27
28						28
29						29
30						30
31						31
32						32

P8-B4 Dekalb Enterprises

a.

JOURNAL

PAGE _____

	DATE	DESCRIPTION	POST REF.	DEBIT	CREDIT	
1						1
2						2
3						3
4						4
5						5
6						6
7						7
8						8
9						9
10						10
11						11
12						12
13						13
14						14
15						15
16						16
17						17
18						18
19						19
20						20
21						21
22						22
23						23
24						24
25						25
26						26
27						27
28						28
29						29
30						30
31						31
32						32

P8-B4 Concluded

b.

P8-B5 James Company

a–b.

JOURNAL   PAGE

	DATE		DESCRIPTION	POST REF.	DEBIT	CREDIT	
1							1
2							2
3							3
4							4
5							5
6							6
7							7
8							8
9							9
10							10
11							11
12							12
13							13
14							14
15							15
16							16
17							17
18							18
19							19
20							20
21							21
22							22
23							23
24							24
25							25
26							26
27							27
28							28
29							29
30							30
31							31
32							32

P8-B5 Concluded

c–e.

JOURNAL

PAGE

	DATE	DESCRIPTION	POST REF.	DEBIT	CREDIT	
1						1
2						2
3						3
4						4
5						5
6						6
7						7
8						8
9						9
10						10
11						11
12						12
13						13
14						14
15						15
16						16
17						17
18						18
19						19
20						20
21						21
22						22
23						23
24						24
25						25
26						26
27						27
28						28
29						29
30						30
31						31
32						32

EYH8-1 Personal Cash Budget

a.

EYH8-1 Concluded

b.

EYH8-2 Cash Embezzlement

EYH8-2 Concluded

EYH8-2 Concluded

EYH8-3 Reconciling Your Account

a–c.

EYH8-3 Concluded

EYH8-4 Visiting a Broker

a.

EYH8-4 Concluded

b.

EYH8-5 Freeport Foods

a–d.

EYH8-5 Concluded

CAI8-1 Dun & Bradstreet

CAI8-1 Concluded

P9-A1 Hardaway Company

a–c.

JOURNAL   PAGE _____

	DATE	DESCRIPTION	POST REF.	DEBIT	CREDIT	
1						1
2						2
3						3
4						4
5						5
6						6
7						7
8						8
9						9
10						10
11						11
12						12
13						13
14						14
15						15
16						16
17						17
18						18
19						19
20						20
21						21
22						22
23						23
24						24
25						25
26						26
27						27
28						28
29						29
30						30
31						31
32						32

P9-A1 Concluded

JOURNAL

PAGE

	DATE	DESCRIPTION	POST REF.	DEBIT	CREDIT	
1						1
2						2
3						3
4						4
5						5
6						6
7						7
8						8
9						9
10						10
11						11
12						12
13						13
14						14
15						15
16						16
17						17
18						18
19						19
20						20
21						21
22						22
23						23
24						24
25						25
26						26
27						27
28						28
29						29
30						30
31						31
32						32

P9-A2 Tempe Company

a–b.

JOURNAL

PAGE

	DATE		DESCRIPTION	POST REF.	DEBIT	CREDIT	
1							1
2							2
3							3
4							4
5							5
6							6
7							7
8							8
9							9
10							10
11							11
12							12
13							13
14							14
15							15
16							16
17							17
18							18
19							19
20							20
21							21
22							22
23							23
24							24
25							25
26							26
27							27
28							28
29							29
30							30
31							31
32							32

P9-A2 Concluded

c.

	DATE		DESCRIPTION	POST REF.	DEBIT	CREDIT	
1							1
2							2
3							3
4							4
5							5
6							6
7							7
8							8
9							9
10							10
11							11
12							12
13							13
14							14
15							15
16							16
17							17
18							18
19							19

JOURNAL   PAGE

d.

P9-A3 Phone Merchandising

a–d.

_____
_____
_____
_____
_____
_____
_____
_____
_____
_____
_____
_____
_____
_____
_____
_____
_____
_____
_____
_____
_____
_____
_____
_____
_____
_____
_____
_____
_____
_____
_____
_____
_____
_____
_____
_____
_____
_____

P9-A3 Concluded

P9-A4 Kenwood Company

a. and c.

JOURNAL

	DATE		DESCRIPTION	POST REF.	DEBIT	CREDIT	
1							1
2							2
3							3
4							4
5							5
6							6
7							7
8							8
9							9
10							10
11							11
12							12
13							13
14							14
15							15
16							16
17							17
18							18
19							19
20							20
21							21
22							22
23							23
24							24
25							25
26							26
27							27
28							28
29							29
30							30
31							31
32							32

P9-A4 Concluded

a. and c.

JOURNAL   PAGE _____

	DATE		DESCRIPTION	POST REF.	DEBIT	CREDIT	
1							1
2							2
3							3
4							4
5							5
6							6
7							7
8							8
9							9
10							10
11							11
12							12
13							13
14							14
15							15
16							16
17							17
18							18
19							19
20							20
21							21
22							22

b.

P9-A5 Cicero Company

a.

JOURNAL   PAGE _____

	DATE		DESCRIPTION	POST REF.	DEBIT			CREDIT		
1										1
2										2
3										3
4										4
5										5
6										6
7										7
8										8
9										9
10										10
11										11
12										12
13										13
14										14
15										15
16										16
17										17
18										18
19										19
20										20
21										21
22										22
23										23
24										24
25										25
26										26
27										27
28										28
29										29
30										30
31										31
32										32

P9-A5 Cicero Company

P9-A5 Concluded

b–c.

_____

_____

_____

_____

_____

_____

_____

_____

_____

_____

_____

_____

_____

_____

c–d.

JOURNAL

PAGE

	DATE		DESCRIPTION	POST REF.	DEBIT	CREDIT	
1							1
2							2
3							3
4							4
5							5
6							6
7							7
8							8
9							9
10							10
11							11
12							12
13							13
14							14
15							15
16							16
17							17

P9-B1 Yelland Company

a–c.

JOURNAL

PAGE _____

	DATE		DESCRIPTION	POST REF.	DEBIT	CREDIT	
1							1
2							2
3							3
4							4
5							5
6							6
7							7
8							8
9							9
10							10
11							11
12							12
13							13
14							14
15							15
16							16
17							17
18							18
19							19
20							20
21							21
22							22
23							23
24							24
25							25
26							26
27							27
28							28
29							29
30							30
31							31
32							32

P9-B1 Concluded

JOURNAL

PAGE

	DATE		DESCRIPTION	POST REF.	DEBIT	CREDIT	
1							1
2							2
3							3
4							4
5							5
6							6
7							7
8							8
9							9
10							10
11							11
12							12
13							13
14							14

d.

P9-B2 Huffy Company

a–b.

JOURNAL

	DATE		DESCRIPTION	POST REF.	DEBIT		CREDIT		
1									1
2									2
3									3
4									4
5									5
6									6
7									7
8									8
9									9
10									10
11									11
12									12
13									13
14									14
15									15
16									16
17									17
18									18
19									19
20									20
21									21
22									22
23									23
24									24
25									25
26									26
27									27
28									28
29									29
30									30
31									31
32									32

P9-B2 Concluded

c.

JOURNAL   PAGE

	DATE		DESCRIPTION	POST REF.	DEBIT	CREDIT	
1							1
2							2
3							3
4							4
5							5
6							6
7							7
8							8
9							9
10							10
11							11
12							12
13							13
14							14
15							15
16							16
17							17
18							18
19							19

d.

P9-B3 Sonic Sound

a–d.

P9-B3 Concluded

P9-B4 Letterman Company

a.

JOURNAL

PAGE _____

	DATE		DESCRIPTION	POST REF.	DEBIT	CREDIT	
1							1
2							2
3							3
4							4
5							5
6							6
7							7
8							8
9							9
10							10
11							11
12							12
13							13
14							14
15							15
16							16
17							17
18							18
19							19
20							20
21							21
22							22
23							23
24							24
25							25
26							26
27							27
28							28
29							29
30							30
31							31
32							32

P9-B4 Concluded

b–c.

P9-B5 Smith Trucking

a–b.

P9-B5 Concluded

c.

JOURNAL   PAGE

	DATE		DESCRIPTION	POST REF.	DEBIT	CREDIT	
1							1
2							2
3							3
4							4
5							5
6							6
7							7
8							8
9							9
10							10
11							11
12							12
13							13
14							14
15							15
16							16
17							17
18							18
19							19
20							20
21							21
22							22

d.

EYH9-1 Credit Reporting

a.

EYH9-1 Concluded

b.

EYH9-2 Uncollectible Accounts

EYH9-2 Concluded

EYH9-3 Student Loans

EYH9-3 Concluded

EYH9-4 Ralston Purina/Hershey Foods

a–d.

EYH9-4 Concluded

EYH9-5 May Department Stores

a–d.

EYH9-5 Concluded

EYH9-6 Alomar Tire Company

a–d.

EYH9-6   Concluded

CAI9-1 Dun & Bradstreet

CAI9-1   Concluded

P10-A1 Diamond Company

a.

Diamond Company

Corrected Income Statement

For the Year Ended December 31, 19X1

P10-A1 Concluded

a.

Diamond Company									
Corrected Income Statement									
For the Year Ended December 31, 19X2									

b.

P10-A2 Alpine Snowboards

a–b.

P10-A2   Concluded

P10-A3 Tall Pine Nursery

a.

P10-A3 Concluded

b.

c.

JOURNAL

PAGE

	DATE		DESCRIPTION	POST REF.	DEBIT	CREDIT	
1							1
2							2
3							3
4							4
5							5
6							6
7							7
8							8
9							9
10							10

P10-A4 Sunset Products

a–c.

_____

_____

_____

_____

_____

_____

_____

_____

_____

_____

_____

_____

_____

_____

_____

_____

_____

_____

_____

_____

_____

_____

_____

_____

_____

_____

_____

_____

_____

_____

_____

_____

_____

_____

_____

_____

_____

P10-A4 Concluded

P10-A5 Sarah Anne's

a–d.

P10-A5 Concluded

P10-A6 Schaber Company

a.

Heart Monitor

Date	Purchases	Sales	Balance
5/1			100 @ $6,800

P10-A6 Concluded

b.

JOURNAL

	DATE	DESCRIPTION	POST REF.	DEBIT	CREDIT	
1						1
2						2
3						3
4						4
5						5
6						6
7						7
8						8
9						9
10						10
11						11
12						12
13						13
14						14
15						15
16						16
17						17
18						18
19						19
20						20
21						21

c.

P10-A7 Schaber Company

a.

Heart Monitor

Date	Purchases	Sales	Balance
5/1			100 @ $6,800

P10-A7 Continued

b.

Heart Monitor

Date	Purchases	Sales	Balance
5/1			100 @ $6,800

P10-A7 Continued

Date	Purchases	Sales	Balance

P10-A7 Concluded

P10-B1 Maxum Company

a.

Maxum Company

Corrected Income Statement

For the Year Ended December 31, 19X4

P10-B1 Concluded

a.

Maxum Company

Corrected Income Statement

For the Year Ended December 31, 19X5

b.

P10-B2   Roller Blade

a–b.

P10-B2 Concluded

P10-B3 Davenport Opticians

a–b.

P10-B3 Concluded

_____
_____
_____
_____
_____
_____
_____
_____
_____
_____
_____
_____
_____
_____
_____
_____
_____
_____
_____
_____
_____
_____
_____

c.

JOURNAL

PAGE

	DATE		DESCRIPTION	POST REF.	DEBIT	CREDIT	
1							1
2							2
3							3
4							4
5							5
6							6
7							7
8							8
9							9
10							10

P10-B4 Fresno Home Video

a–c.

P10-B4 Concluded

P10-B5   Pro Stop

a–c.

a–c.

P10-B5   Concluded

P10-B6 Classrooms, Etc.

a.

U. S. Map

Date	Purchases	Sales	Balance
10/1			40 @ $68

P10-B6 Concluded

b.

JOURNAL

PAGE

	DATE		DESCRIPTION	POST REF.	DEBIT	CREDIT	
1							1
2							2
3							3
4							4
5							5
6							6
7							7
8							8
9							9
10							10
11							11
12							12
13							13
14							14
15							15
16							16
17							17
18							18
19							19
20							20
21							21

c.

P10-B7 Classrooms, Etc.

a.

U. S. Map

Date	Purchases	Sales	Balance
10/1			40 @ $68

P10-B7 Continued

b.

U. S. Map

Date	Purchases	Sales	Balance
10/1			40 @ $68

P10-B7 Continued

Date	Purchases	Sales	Balance

P10-B7 Concluded

EYH10-1 Inventory Methods

a.

EYH10-1 Concluded

b.

EYH10-2 Lower of Cost or Market

EYH10-2 Concluded

EYH10-3 Inventory Turnover

EYH10-3 Concluded

EYH10-4   J. M. Smucker Company

a–d.

_____
_____
_____
_____
_____
_____
_____
_____
_____
_____
_____
_____
_____
_____
_____
_____
_____
_____
_____
_____
_____
_____
_____
_____
_____
_____
_____
_____
_____
_____
_____

EYH10-4 Concluded

EYH10-5

a–d.

EYH10-5 Concluded

EYH10-6 The Biscayne Company

a–d.

EYH10-6 Concluded

CAI10-1 Goodyear Tire and Rubber

_____
_____
_____
_____
_____
_____
_____
_____
_____
_____
_____
_____
_____
_____
_____
_____
_____
_____
_____
_____
_____
_____
_____
_____
_____
_____
_____
_____
_____
_____
_____
_____

CAI10-1 Goodyear Tire and Rubber

CAI10-1   Concluded

P11-A1 Steinberg Company

P11-A1   Concluded

P11-A2 Cheryl Livingston

Date	Land	Land Improvements	Building	Furniture & Equipment
	$	$	$	$

P11-A2 Concluded

P11-A3 Aussie Imports

a–c.

P11-A3 Concluded

P11-A4 Executive Lift

a–b.

P11-A4 Concluded

P11-A5 Epson Company

P11-A5 Concluded

P11-A6 Bubba Clark

a.

P11-A6 Concluded

b.

JOURNAL

	DATE	DESCRIPTION	POST REF.	DEBIT	CREDIT	
1						1
2						2
3						3
4						4
5						5
6						6
7						7
8						8
9						9
10						10
11						11
12						12
13						13
14						14

c.

P11-B1 Jacksonville Company

a–b.

P11-B1 Concluded

P11-B1 Concluded

P11-B2 Sabre Company

a.

Date	Land	Land Improvements	Building	Equipment
	$	$	$	$
	___	___	___	___
	═══	═══	═══	═══

P11-B2 Concluded

P11-B3 Furrell Company

a–c.

P11-B3 Concluded

P11-B4 Empire Treats, Inc.

a.

P11-B4 Concluded

b.

P11-B5 Sheppard Exports

a–c.

P11-B5 Concluded

P11-B6 Mike Miller

a.

P11-B6 Concluded

b.

_____

_____

_____

_____

_____

_____

_____

_____

_____

_____

_____

_____

_____

_____

_____

c.

JOURNAL

PAGE

	DATE		DESCRIPTION	POST REF.	DEBIT	CREDIT	
1							1
2							2
3							3
4							4
5							5
6							6
7							7
8							8
9							9
10							10
11							11
12							12
13							13
14							14

EYH11-1   Service Life Variation

a–c.

_____
_____
_____
_____
_____
_____
_____
_____
_____
_____
_____
_____
_____
_____
_____
_____
_____
_____
_____
_____
_____
_____
_____
_____
_____
_____
_____
_____
_____
_____
_____
_____

EYH11-1   Concluded

EYH11-2 Service Life Revision

EYH11-2 Concluded

EYH11-3 Popularity of Leases

a–d.

_____

_____

_____

_____

_____

_____

_____

_____

_____

_____

_____

_____

_____

_____

_____

_____

_____

_____

_____

_____

_____

_____

_____

_____

_____

_____

_____

_____

_____

_____

_____

_____

_____

_____

_____

_____

_____

_____

_____

EYH11-3 Concluded

EYH11-4 Rubbermaid Incorporated/Sherwin Williams

a–e.

EYH11-4 Concluded

EYH11-5

a–e.

EYH11-5 Concluded

EYH11-6 Moon's Dry Cleaners

a–c.

EYH11-6 Concluded

CAI11-1 General Motors

a.

CAI11-1 Concluded

b.

P12-A1 Vancouver Equipment

a.

	DATE		DESCRIPTION	POST REF.	DEBIT	CREDIT	
1							1
2							2
3							3
4							4
5							5
6							6
7							7
8							8
9							9
10							10
11							11
12							12
13							13
14							14
15							15
16							16
17							17
18							18
19							19
20							20
21							21
22							22
23							23
24							24
25							25
26							26
27							27
28							28
29							29
30							30
31							31
32							32

JOURNAL   PAGE

P12-A1 Concluded

b.

P12-A2 Beltway Repro

a.

JOURNAL   PAGE _____

	DATE		DESCRIPTION	POST REF.	DEBIT	CREDIT	
1							1
2							2
3							3
4							4
5							5
6							6
7							7
8							8
9							9
10							10
11							11
12							12
13							13
14							14
15							15
16							16
17							17
18							18
19							19
20							20
21							21
22							22
23							23
24							24
25							25
26							26
27							27
28							28
29							29
30							30
31							31
32							32

P12-A2 Concluded

b.

JOURNAL

PAGE

	DATE		DESCRIPTION	POST REF.	DEBIT	CREDIT	
1							1
2							2
3							3
4							4
5							5
6							6
7							7
8							8
9							9
10							10
11							11
12							12
13							13
14							14
15							15
16							16
17							17
18							18
19							19
20							20
21							21
22							22
23							23
24							24
25							25
26							26
27							27
28							28
29							29
30							30
31							31
32							32

P12-A3 Ocean Enterprises, Inc.

a–b.

P12-A3 Concluded

P12-A4 Lockeford Lumber

a–c.

P12-A4 Concluded

P12-A5 Broadway Company

a.

Intangible Asset	Date Acquired	Cost	Life (Years)	Amortization (Cost/Life)
		$		$

b.

P12-A5 Concluded

c.

JOURNAL

	DATE		DESCRIPTION	POST REF.	DEBIT	CREDIT	
1							1
2							2
3							3
4							4
5							5
6							6
7							7
8							8
9							9
10							10
11							11
12							12
13							13
14							14
15							15
16							16
17							17
18							18
19							19
20							20
21							21
22							22
23							23
24							24
25							25
26							26
27							27
28							28
29							29
30							30
31							31
32							32

P12-B1 Hollywood Company

a.

JOURNAL   PAGE

	DATE		DESCRIPTION	POST REF.	DEBIT	CREDIT	
1							1
2							2
3							3
4							4
5							5
6							6
7							7
8							8
9							9
10							10
11							11
12							12
13							13
14							14
15							15
16							16
17							17
18							18
19							19
20							20
21							21
22							22
23							23
24							24
25							25
26							26
27							27
28							28
29							29
30							30
31							31
32							32

P12-B1   Concluded

b.

P12-B2 Lansing Regional Transit

a.

JOURNAL

PAGE

	DATE		DESCRIPTION	POST REF.	DEBIT	CREDIT	
1							1
2							2
3							3
4							4
5							5
6							6
7							7
8							8
9							9
10							10
11							11
12							12
13							13
14							14
15							15
16							16
17							17
18							18
19							19
20							20
21							21
22							22
23							23
24							24
25							25
26							26
27							27
28							28
29							29
30							30
31							31
32							32

P12-B2 Concluded

b.

JOURNAL

PAGE

	DATE		DESCRIPTION	POST REF.	DEBIT	CREDIT	
1							1
2							2
3							3
4							4
5							5
6							6
7							7
8							8
9							9
10							10
11							11
12							12
13							13
14							14
15							15
16							16
17							17
18							18
19							19
20							20
21							21
22							22
23							23
24							24
25							25
26							26
27							27
28							28
29							29
30							30
31							31
32							32

P12-B3 Third Avenue Mfg.

a–b.

P12-B3   Concluded

P12-B4   Bach Mining Company

a.

P12-B4 Concluded

b.

P12-B5 Golden State Company

a.

Intangible Asset	Cost	Life (Years)	Amortization (Cost/Life)
	$		$

b.

JOURNAL   PAGE _____

	DATE		DESCRIPTION	POST REF.	DEBIT	CREDIT	
1							1
2							2
3							3
4							4
5							5
6							6
7							7
8							8
9							9
10							10
11							11
12							12
13							13
14							14
15							15
16							16
17							17

P12-B5   Concluded

c.

EYH12-1 Asset Impairment

EYH12-1 Concluded

_____

_____

_____

_____

_____

_____

_____

_____

_____

_____

_____

_____

_____

_____

_____

_____

_____

_____

_____

_____

_____

_____

_____

_____

_____

_____

_____

_____

_____

_____

EYH12-2 Franchising in the U. S.

EYH12-2 Concluded

EYH12-3 Brand Value

a–b.

EYH12-3 Concluded

EYH12-3 Concluded

EYH12-4 Duracell International/Campbell Soup

a–d.

EYH12-4   Concluded

EYH12-5

a–d.

EYH12-5 Concluded

EYH12-5 Concluded

EYH12-6 Dudley Finfrock

a–b.

EYH12-6 Concluded

CAI12-1 Bristol-Myers Squibb

CAI12-1 Concluded

Comprehensive Problem 2 Wyatt Company

a.

Comprehensive Problem 2 Continued

b.

Wyatt Company

Balance Sheet

December 31, 19X8

Comprehensive Problem 2 Continued

b.

Comprehensive Problem 2 Concluded

c.

P13-A1 Quality Products

Quality Products

Balance Sheet

December 31, 19X2

P13-A1 Concluded

P13-A2 Long Island Company

a.

	JOURNAL		PAGE	

	DATE	DESCRIPTION	POST REF.	DEBIT	CREDIT	
1						1
2						2
3						3
4						4
5						5
6						6
7						7
8						8
9						9
10						10
11						11
12						12
13						13
14						14
15						15
16						16
17						17
18						18
19						19
20						20
21						21
22						22
23						23
24						24
25						25
26						26
27						27
28						28
29						29
30						30
31						31
32						32

P13-A2 Concluded

b.

JOURNAL   PAGE _____

	DATE		DESCRIPTION	POST REF.	DEBIT	CREDIT	
1							1
2							2
3							3
4							4
5							5
6							6
7							7
8							8
9							9
10							10
11							11
12							12
13							13
14							14

c.

Long Island Company

Balance Sheet

March 31, 19XX

P13-A3 D'Angelo Company

a. _____

_____

_____

_____

_____

_____

_____

_____

_____

_____

_____

JOURNAL   PAGE _____

	DATE		DESCRIPTION	POST REF.	DEBIT	CREDIT	
1							1
2							2
3							3
4							4
5							5
6							6
7							7
8							8
9							9
10							10
11							11
12							12
13							13
14							14
15							15
16							16
17							17
18							18
19							19
20							20

P13-A3 Concluded

b.

JOURNAL

	DATE		DESCRIPTION	POST REF.	DEBIT	CREDIT	
1							1
2							2
3							3
4							4
5							5
6							6
7							7
8							8
9							9
10							10
11							11
12							12
13							13
14							14
15							15
16							16
17							17
18							18
19							19
20							20

P13-A4 LJP Company

a.

JOURNAL PAGE

	DATE		DESCRIPTION	POST REF.	DEBIT	CREDIT	
1							1
2							2
3							3
4							4
5							5
6							6
7							7
8							8
9							9
10							10
11							11
12							12
13							13
14							14
15							15
16							16
17							17
18							18
19							19
20							20
21							21
22							22
23							23
24							24
25							25
26							26
27							27
28							28
29							29
30							30
31							31
32							32

P13-A4 Concluded

b.

JOURNAL

PAGE

	DATE		DESCRIPTION	POST REF.	DEBIT	CREDIT	
1							1
2							2
3							3
4							4
5							5
6							6
7							7
8							8
9							9
10							10
11							11
12							12
13							13
14							14
15							15
16							16
17							17
18							18
19							19
20							20

c.

P13-A5 Starglo Cosmetics

a–b.

JOURNAL   PAGE _____

	DATE		DESCRIPTION	POST REF.	DEBIT	CREDIT	
1							1
2							2
3							3
4							4
5							5
6							6
7							7
8							8
9							9
10							10
11							11
12							12
13							13
14							14
15							15
16							16
17							17
18							18
19							19
20							20
21							21
22							22
23							23
24							24
25							25
26							26
27							27
28							28
29							29
30							30
31							31
32							32

P13-A5 Concluded

c–d.

P13-B1 Advantage Company

Advantage Company

Balance Sheet

December 31, 19X7

P13-B1 Concluded

P13-B2 Visconti's

a.

JOURNAL

	DATE	DESCRIPTION	POST REF.	DEBIT	CREDIT	
1						1
2						2
3						3
4						4
5						5
6						6
7						7
8						8
9						9
10						10
11						11
12						12
13						13
14						14
15						15
16						16
17						17
18						18
19						19
20						20
21						21
22						22
23						23
24						24
25						25
26						26
27						27
28						28
29						29
30						30
31						31
32						32

P13-B2 Visconti's

P13-B2 Concluded

b.

JOURNAL

	DATE	DESCRIPTION	POST REF.	DEBIT	CREDIT	
1						1
2						2
3						3
4						4
5						5
6						6
7						7
8						8
9						9
10						10
11						11
12						12
13						13
14						14

c.

Visconti's

Balance Sheet

December 31, 19XX

P13-B3 Chung, Inc.

a.

JOURNAL

PAGE _____

	DATE		DESCRIPTION	POST REF.	DEBIT	CREDIT	
1							1
2							2
3							3
4							4
5							5
6							6
7							7
8							8
9							9
10							10
11							11
12							12
13							13
14							14
15							15
16							16
17							17
18							18
19							19
20							20
21							21
22							22
23							23
24							24
25							25
26							26
27							27
28							28
29							29
30							30
31							31
32							32

P13-B3 Chung, Inc.

P13-B3 Concluded

b–c.

JOURNAL

PAGE

	DATE	DESCRIPTION	POST REF.	DEBIT	CREDIT	
1						1
2						2
3						3
4						4
5						5
6						6
7						7
8						8
9						9
10						10
11						11
12						12
13						13
14						14
15						15
16						16
17						17
18						18
19						19

c.

Chung, Inc.

Balance Sheet

June 30, 19XX

P13-B4 Knight Wholesale

a.

JOURNAL   PAGE _____

	DATE		DESCRIPTION	POST REF.	DEBIT	CREDIT	
1							1
2							2
3							3
4							4
5							5
6							6
7							7
8							8
9							9
10							10
11							11
12							12
13							13
14							14
15							15
16							16
17							17
18							18
19							19
20							20
21							21
22							22
23							23
24							24
25							25
26							26
27							27
28							28
29							29
30							30
31							31
32							32

P13-B4 Concluded

b.

JOURNAL

	DATE		DESCRIPTION	POST REF.	DEBIT	CREDIT	
1							1
2							2
3							3
4							4
5							5
6							6
7							7
8							8
9							9
10							10
11							11
12							12
13							13
14							14
15							15
16							16
17							17
18							18
19							19

c.

P13-B5 Deluxe Ceramics

a–b.

JOURNAL

PAGE _____

	DATE		DESCRIPTION	POST REF.	DEBIT	CREDIT	
1							1
2							2
3							3
4							4
5							5
6							6
7							7
8							8
9							9
10							10
11							11
12							12
13							13
14							14
15							15
16							16
17							17
18							18
19							19
20							20
21							21
22							22
23							23
24							24
25							25
26							26
27							27
28							28
29							29
30							30
31							31
32							32

P13-B5 Concluded

c–d.

EYH13-1   Contingency Disclosures

EYH13-1   Concluded

EYH13-2 Postretirement Benefits

a.

EYH13-2 Concluded

b.

EYH13-3 Fringe Benefit Costs

EYH13-3 Concluded

Name _____

EYH13-4 Sprint/H. J. Heinz

a–c.

EYH13-4 Concluded

EYH13-5

a–c.

EYH13-5 Concluded

EYH13-6 City of Lawndale

a–c.

EYH13-6 Concluded

CAI13-1 The Boeing Company

CAI13-1 Concluded

P14-A1 Atlanta Sound & TV

a–f.

P14-A1 Concluded

P14-A2 Ballpark Industries

a.

Ballpark Industries

Schedule

	NET INCOME	ASSETS	LIABILITIES	OWNER'S EQUITY

P14-A2 Concluded

b.

P14-A3 I Love Yogurt

I Love Yogurt

Schedule of Profit Earned

19X2

P14-A3 Concluded

P14-A4 Bennett Developers

a.

_____

_____

_____

_____

_____

_____

_____

_____

b.

Bennett Developers

Schedule

	YEAR	ACTUAL COSTS INCURRED	PERCENTAGE OF WORK COMPLETED	PROFIT RECOGNIZED	

P14-A4 Concluded

c.

Bennett Developers

Schedule

	YEAR	CASH COLLECTED	PROFIT PERCENTAGE	PROFIT RECOGNIZED

P14-A5 Key Manufacturing

a–c.

JOURNAL   PAGE

	DATE	DESCRIPTION	POST REF.	DEBIT	CREDIT	
1						1
2						2
3						3
4						4
5						5
6						6
7						7
8						8
9						9
10						10
11						11
12						12
13						13
14						14
15						15
16						16
17						17
18						18
19						19
20						20
21						21
22						22
23						23
24						24
25						25
26						26
27						27
28						28
29						29
30						30
31						31
32						32

P14-A5 Key Manufacturing

P14-A5 Concluded

JOURNAL   PAGE

	DATE		DESCRIPTION	POST REF.	DEBIT	CREDIT	
1							1
2							2
3							3
4							4
5							5
6							6
7							7
8							8
9							9
10							10
11							11
12							12
13							13
14							14
15							15
16							16
17							17
18							18
19							19
20							20
21							21
22							22
23							23
24							24
25							25
26							26
27							27
28							28
29							29
30							30
31							31
32							32

P14-B1 Westside Tool & Die, Inc.

a–f.

P14-B1   Concluded

P14-B1   Concluded

P14-B2 Reno Enterprises

a.

Reno Enterprises

Schedule

	NET INCOME (LOSS)	ASSETS	LIABILITIES	OWNER'S EQUITY

P14-B2 Concluded

b.

P14-B3 Dr. Allison Hardy

P14-B3 Concluded

P14-B4 San Diego Shipyards

a.

San Diego Shipyards

Schedule

	YEAR	ACTUAL COSTS INCURRED	PERCENTAGE OF WORK COMPLETED	PROFIT RECOGNIZED	

P14-B4 Concluded

b.

San Diego Shipyards

Schedule

	YEAR	CASH COLLECTED	PROFIT PERCENTAGE	PROFIT RECOGNIZED

P14-B5 Topaz Enterprises

a.

JOURNAL   PAGE

	DATE		DESCRIPTION	POST REF.	DEBIT	CREDIT	
1							1
2							2
3							3
4							4
5							5
6							6
7							7
8							8
9							9
10							10
11							11
12							12
13							13
14							14
15							15
16							16
17							17
18							18
19							19
20							20
21							21
22							22
23							23
24							24
25							25
26							26
27							27
28							28
29							29
30							30
31							31
32							32

P14-B5 Concluded

b.

JOURNAL

PAGE

	DATE		DESCRIPTION	POST. REF.	DEBIT	CREDIT	
1							1
2							2
3							3
4							4
5							5
6							6
7							7
8							8
9							9
10							10
11							11
12							12
13							13
14							14
15							15
16							16
17							17
18							18
19							19
20							20
21							21
22							22
23							23
24							24
25							25
26							26
27							27
28							28
29							29
30							30
31							31
32							32

EYH14-1 Controversial Standards

EYH14-1 Concluded

EYH14-2 FASB Statement Review

a–e.

_____

_____

_____

_____

_____

_____

_____

_____

_____

_____

_____

_____

_____

_____

_____

_____

_____

_____

_____

_____

_____

_____

_____

_____

_____

_____

_____

_____

_____

_____

_____

_____

_____

EYH14-2 Concluded

EYH14-2 Concluded

EYH14-3 Revenue Recognition

EYH14-3   Concluded

EYH14-3   Concluded

EYH14-4 Reebok International

a–d.

EYH14-4 Concluded

EYH14-5

a–d.

EYH14-5 Concluded

EYH14-6 Arens Real Estate

a–e.

EYH14-6 Concluded

CAI14-1 Black & Decker

CAI14-1 Concluded

P15-A1 Guinn, Horton, & Randall

a.

JOURNAL

PAGE _____

	DATE		DESCRIPTION	POST REF.	DEBIT	CREDIT	
1							1
2							2
3							3
4							4
5							5
6							6
7							7
8							8
9							9
10							10
11							11
12							12
13							13
14							14
15							15
16							16
17							17
18							18
19							19
20							20
21							21
22							22
23							23
24							24
25							25
26							26
27							27
28							28
29							29
30							30
31							31
32							32

P15-A1 Concluded

b.

Guinn, Horton, & Randall
Statement of Partners' Equity
For the Year Ended December 31, 19X4

	QUINN	HORTON	RANDALL	TOTAL

c.

Guinn, Horton, & Randall
Balance Sheet
December 31, 19X4

P15-A2 Webster, Mullins, & Hardaway

a.

Net Income (Loss)	Webster	Mullins	Hardaway
$80,000			
10,000			
(20,000)			

Supporting Calculations:

_____
_____
_____
_____
_____
_____
_____
_____
_____
_____
_____
_____
_____
_____
_____
_____
_____
_____
_____
_____
_____
_____
_____
_____
_____
_____
_____
_____
_____
_____

P15-A2   Concluded

b.

JOURNAL

	DATE	DESCRIPTION	POST REF.	DEBIT	CREDIT	
1						1
2						2
3						3
4						4
5						5
6						6
7						7
8						8
9						9
10						10
11						11
12						12
13						13
14						14
15						15

c.

Webster, Mullins, & Hardaway

Balance Sheet

December 31, 19X6

P15-A3 Mantle, Maris, & Berra

a.

JOURNAL   PAGE _____

	DATE		DESCRIPTION	POST REF.	DEBIT	CREDIT	
1							1
2							2
3							3
4							4
5							5
6							6
7							7
8							8
9							9
10							10
11							11
12							12
13							13
14							14
15							15
16							16
17							17
18							18
19							19
20							20
21							21
22							22
23							23
24							24
25							25
26							26
27							27
28							28
29							29
30							30
31							31
32							32

P15-A3 Concluded

JOURNAL

PAGE ___

	DATE		DESCRIPTION	POST REF.	DEBIT	CREDIT	
1							1
2							2
3							3
4							4
5							5
6							6
7							7
8							8
9							9
10							10
11							11
12							12
13							13
14							14
15							15
16							16
17							17
18							18
19							19
20							20

b.

P15-A4 Pulaski, Smith, & Freeman

a.

b.

JOURNAL

PAGE _____

	DATE		DESCRIPTION	POST REF.	DEBIT	CREDIT	
1							1
2							2
3							3
4							4
5							5
6							6
7							7
8							8
9							9
10							10
11							11
12							12
13							13
14							14

P15-A4 Concluded

c–d.

P15-A5 Manny, Moe, & Abe

a.

JOURNAL   PAGE

	DATE		DESCRIPTION	POST REF.	DEBIT	CREDIT	
1							1
2							2
3							3
4							4
5							5
6							6
7							7
8							8
9							9
10							10
11							11
12							12
13							13
14							14
15							15
16							16
17							17
18							18
19							19
20							20
21							21
22							22
23							23
24							24
25							25
26							26
27							27
28							28
29							29
30							30
31							31
32							32

P15-A5 Concluded

b.

JOURNAL   PAGE

	DATE		DESCRIPTION	POST REF.	DEBIT	CREDIT	
1							1
2							2
3							3
4							4
5							5
6							6
7							7
8							8
9							9
10							10
11							11
12							12
13							13
14							14
15							15
16							16
17							17
18							18
19							19
20							20
21							21
22							22
23							23
24							24
25							25
26							26
27							27

P15-B1 Parker, Bowen, & Norton

a.

JOURNAL   PAGE _____

	DATE		DESCRIPTION	POST REF.	DEBIT	CREDIT	
1							1
2							2
3							3
4							4
5							5
6							6
7							7
8							8
9							9
10							10
11							11
12							12
13							13
14							14
15							15
16							16
17							17
18							18
19							19
20							20
21							21
22							22
23							23
24							24
25							25
26							26
27							27
28							28
29							29
30							30
31							31
32							32

P15-B1 Concluded

b.

Parker, Bowen, & Norton

Statement of Partners' Equity

For the Year Ended December 31, 19XX

	PARKER	BOWEN	NORTON	TOTAL

c.

P15-B2 Jackson, Hudson, & Rice

a.

Jackson, Hudson, & Rice
Division of Net Income

	JACKSON	HUDSON	RICE	TOTAL

P15-B2 Concluded

b.

JOURNAL   PAGE

	DATE		DESCRIPTION	POST REF.	DEBIT	CREDIT	
1							1
2							2
3							3
4							4
5							5
6							6
7							7
8							8
9							9
10							10
11							11
12							12
13							13
14							14
15							15
16							16
17							17

c.

Jackson, Hudson, and Rice

Balance Sheet

December 31, 19X2

P15-B3 Barden, Larkins, & Winter

a.

JOURNAL

PAGE _____

	DATE		DESCRIPTION	POST REF.	DEBIT	CREDIT	
1							1
2							2
3							3
4							4
5							5
6							6
7							7
8							8
9							9
10							10
11							11
12							12
13							13
14							14
15							15
16							16
17							17
18							18
19							19
20							20
21							21
22							22
23							23
24							24
25							25
26							26
27							27
28							28
29							29
30							30
31							31
32							32

P15-B3 Concluded

JOURNAL   PAGE _____

	DATE		DESCRIPTION	POST REF.	DEBIT	CREDIT	
1							1
2							2
3							3
4							4
5							5
6							6
7							7
8							8
9							9
10							10
11							11
12							12
13							13
14							14
15							15
16							16
17							17
18							18
19							19
20							20

b.

_____
_____
_____
_____
_____
_____
_____
_____
_____
_____
_____
_____

P15-B4 Hecht, Livingston, & Martin

a–b.

c.

JOURNAL   PAGE

	DATE		DESCRIPTION	POST REF.	DEBIT	CREDIT	
1							1
2							2
3							3
4							4
5							5
6							6
7							7
8							8
9							9
10							10
11							11
12							12
13							13
14							14

P15-B4 Concluded

d–e.

P15-B5 Unser, Jenkins, & Paulus

a.

JOURNAL   PAGE

	DATE		DESCRIPTION	POST REF.	DEBIT	CREDIT	
1							1
2							2
3							3
4							4
5							5
6							6
7							7
8							8
9							9
10							10
11							11
12							12
13							13
14							14
15							15
16							16
17							17
18							18
19							19
20							20
21							21
22							22
23							23
24							24
25							25
26							26
27							27
28							28
29							29
30							30
31							31
32							32

P15-B5   Continued

b.

JOURNAL

	DATE		DESCRIPTION	POST REF.	DEBIT	CREDIT	
1							1
2							2
3							3
4							4
5							5
6							6
7							7
8							8
9							9
10							10
11							11
12							12
13							13
14							14
15							15
16							16
17							17
18							18
19							19
20							20
21							21
22							22
23							23
24							24
25							25
26							26
27							27
28							28
29							29
30							30
31							31
32							32

P15-B5 Continued

c.

JOURNAL   PAGE

	DATE		DESCRIPTION	POST REF.	DEBIT	CREDIT	
1							1
2							2
3							3
4							4
5							5
6							6
7							7
8							8
9							9
10							10
11							11
12							12
13							13
14							14
15							15
16							16
17							17
18							18
19							19
20							20
21							21
22							22
23							23
24							24
25							25
26							26
27							27
28							28
29							29
30							30
31							31
32							32

P15-B5 Concluded

JOURNAL   PAGE

	DATE		DESCRIPTION	POST REF.	DEBIT		CREDIT		
1									1
2									2
3									3
4									4
5									5
6									6
7									7
8									8
9									9
10									10
11									11
12									12
13									13
14									14
15									15
16									16
17									17
18									18
19									19
20									20
21									21
22									22
23									23
24									24
25									25
26									26
27									27
28									28
29									29
30									30
31									31
32									32

EYH15-1 Family Partnerships

EYH15-1   Concluded

EYH15-2 Partnership Agreements

EYH15-2 Concluded

EYH15-3 Limited Liability Partnerships

_____
_____
_____
_____
_____
_____
_____
_____
_____
_____
_____
_____
_____
_____
_____
_____
_____
_____
_____
_____
_____
_____
_____
_____
_____
_____
_____
_____
_____
_____
_____
_____

EYH15-3 Limited Liability Partnerships

EYH15-3 Concluded

EYH15-4 Knapp, Shingler, & Smith

a–e.

EYH15-4   Concluded

CAI15-1   Harrison, O'Brien, & Weinstein

CAI15-1 Concluded

PA-1 Hartman Company

a–f.

PA-1 Concluded

PA-2 Casual Wear

a.

SALES JOURNAL   PAGE _____

	DATE		CUSTOMER	INVOICE NUMBER	POST REF.	AMOUNT	
1							1
2							2
3							3
4							4
5							5
6							6
7							7
8							8
9							9
10							10
11							11
12							12
13							13
14							14

PURCHASES JOURNAL   PAGE _____

	DATE		SUPPLIER	INVOICE INFORMATION			POST. REF.	AMOUNT	
				DATE	NO.	TERMS			
1									1
2									2
3									3
4									4
5									5
6									6
7									7
8									8
9									9
10									10
11									11
12									12
13									13

PA-2 Continued

CASH RECEIPTS JOURNAL

PAGE 1

DATE	ACCOUNT	POST REF.	CASH DR.	SALES DISCOUNTS DR.	ACCOUNTS RECEIVABLE CR.	SALES CR.	SUNDRY ACCOUNTS CR. OR (DR.)
1							
2							
3							
4							
5							
6							
7							
8							
9							
10							
11							
12							
13							
14							
15							
16							
17							
18							
19							
20							
21							
22							
23							
24							
25							
26							
27							
28							
29							
30							
31							

PA-2 Continued

CASH PAYMENTS JOURNAL

PAGE 1

DATE	CK. NO.	PAYEE	ACCOUNT	POST. REF.	CASH CR.	PURCHASE DISCOUNT CR.	ACCTS. PAYABLE DR.	SUNDRY ACCTS. DR. OR (CR.)
1								
2								
3								
4								
5								
6								
7								
8								
9								
10								
11								
12								
13								
14								
15								
16								
17								
18								
19								
20								
21								
22								
23								
24								
25								
26								
27								
28								
29								
30								

PA-2 Continued

JOURNAL

PAGE

	DATE		DESCRIPTION	POST REF.	DEBIT		CREDIT		
1									1
2									2
3									3
4									4
5									5
6									6
7									7
8									8
9									9
10									10
11									11
12									12
13									13
14									14
15									15
16									16
17									17
18									18
19									19
20									20
21									21
22									22
23									23
24									24
25									25
26									26
27									27
28									28
29									29
30									30
31									31
32									32

PA-2 Continued

CASH   ACCOUNT 100

DATE		EXPLANATION	POST REF.	DEBIT	CREDIT	BALANCE

ACCOUNTS RECEIVABLE   ACCOUNT 110

DATE		EXPLANATION	POST REF.	DEBIT	CREDIT	BALANCE

MERCHANDISE INVENTORY   ACCOUNT 120

DATE		EXPLANATION	POST REF.	DEBIT	CREDIT	BALANCE

PA-2 Continued

PREPAID ADVERTISING   ACCOUNT 130

DATE		EXPLANATION	POST REF.	DEBIT	CREDIT	BALANCE

OFFICE EQUIPMENT   ACCOUNT 140

DATE		EXPLANATION	POST REF.	DEBIT	CREDIT	BALANCE

ACCOUNTS PAYABLE   ACCOUNT 200

DATE		EXPLANATION	POST REF.	DEBIT	CREDIT	BALANCE

PA-2 Continued

LOAN PAYABLE   ACCOUNT 210

DATE	EXPLANATION	POST REF.	DEBIT	CREDIT	BALANCE

TINA SHARP, CAPITAL   ACCOUNT 300

DATE	EXPLANATION	POST REF.	DEBIT	CREDIT	BALANCE

SALES   ACCOUNT 400

DATE	EXPLANATION	POST REF.	DEBIT	CREDIT	BALANCE

PA-2   Continued

SALES RETURNS   ACCOUNT 401

DATE		EXPLANATION	POST REF.	DEBIT	CREDIT	BALANCE

PURCHASES   ACCOUNT 510

DATE		EXPLANATION	POST REF.	DEBIT	CREDIT	BALANCE

PURCHASES RETURNS   ACCOUNT 511

DATE		EXPLANATION	POST REF.	DEBIT	CREDIT	BALANCE

PA-2 Continued

PURCHASES DISCOUNTS

ACCOUNT 512

DATE		EXPLANATION	POST REF.	DEBIT	CREDIT	BALANCE

RENT EXPENSE

ACCOUNT 610

DATE		EXPLANATION	POST REF.	DEBIT	CREDIT	BALANCE

SALARIES EXPENSE

ACCOUNT 620

DATE		EXPLANATION	POST REF.	DEBIT	CREDIT	BALANCE

PA-2   Continued

UTILITIES EXPENSE   ACCOUNT 630

DATE	EXPLANATION	POST REF.	DEBIT	CREDIT	BALANCE

INTEREST EXPENSE   ACCOUNT 640

DATE	EXPLANATION	POST REF.	DEBIT	CREDIT	BALANCE

                                                                                          ACCOUNT

DATE	EXPLANATION	POST REF.	DEBIT	CREDIT	BALANCE

PA-2 Continued

ACCOUNTS RECEIVABLE SUBSIDIARY LEDGER

DENVER WOMAN

DATE		EXPLANATION	POST REF.	DEBIT	CREDIT	BALANCE

NAN'S

DATE		EXPLANATION	POST REF.	DEBIT	CREDIT	BALANCE

WILD ONE

DATE		EXPLANATION	POST REF.	DEBIT	CREDIT	BALANCE

PA-2 Continued

ACCOUNTS PAYABLE SUBSIDIARY LEDGER

BRONCO OFFICE SUPPLY

DATE		EXPLANATION	POST REF.	DEBIT	CREDIT	BALANCE

JEANS, INC.

DATE		EXPLANATION	POST REF.	DEBIT	CREDIT	BALANCE

NEW YORK FASHIONS

DATE		EXPLANATION	POST REF.	DEBIT	CREDIT	BALANCE

PA-2 Continued

SEASIDE CREATIONS

DATE		EXPLANATION	POST REF.	DEBIT	CREDIT	BALANCE

b.

Casual Wear

Trial Balance

July 31, 19XX

PA-2 Concluded

Casual Wear

Schedule of Accounts Receivable

July 31, 19XX

Casual Wear

Schedule of Accounts Payable

July 31, 19XX

PA-3 Midtown Camera

a–b.

CASH   ACCOUNT 110

DATE	EXPLANATION	POST REF.	DEBIT	CREDIT	BALANCE

ACCOUNTS RECEIVABLE   ACCOUNT 120

DATE	EXPLANATION	POST REF.	DEBIT	CREDIT	BALANCE

INVENTORY   ACCOUNT 130

DATE	EXPLANATION	POST REF.	DEBIT	CREDIT	BALANCE

PA-3 Continued

PREPAID ADVERTISING   ACCOUNT 140

DATE		EXPLANATION	POST REF.	DEBIT	CREDIT	BALANCE

DELIVERY VAN   ACCOUNT 150

DATE		EXPLANATION	POST REF.	DEBIT	CREDIT	BALANCE

ACCOUNTS PAYABLE   ACCOUNT 210

DATE		EXPLANATION	POST REF.	DEBIT	CREDIT	BALANCE

PA-3 Continued

LOAN PAYABLE   ACCOUNT 220

DATE		EXPLANATION	POST REF.	DEBIT	CREDIT	BALANCE

DIANE PETTIT, CAPITAL   ACCOUNT 310

DATE		EXPLANATION	POST REF.	DEBIT	CREDIT	BALANCE

DIANE PETTIT, DRAWING   ACCOUNT 320

DATE		EXPLANATION	POST REF.	DEBIT	CREDIT	BALANCE

PA-3   Continued

SALES   ACCOUNT 410

DATE	EXPLANATION	POST REF.	DEBIT	CREDIT	BALANCE

SALES DISCOUNTS   ACCOUNT 420

DATE	EXPLANATION	POST REF.	DEBIT	CREDIT	BALANCE

SALES RETURNS   ACCOUNT 430

DATE	EXPLANATION	POST REF.	DEBIT	CREDIT	BALANCE

PA-3 Continued

MISCELLANEOUS REVENUE   ACCOUNT 450

DATE		EXPLANATION	POST REF.	DEBIT	CREDIT	BALANCE

PURCHASES   ACCOUNT 510

DATE		EXPLANATION	POST REF.	DEBIT	CREDIT	BALANCE

PURCHASES DISCOUNTS   ACCOUNT 520

DATE		EXPLANATION	POST REF.	DEBIT	CREDIT	BALANCE

PA-3 Continued

WAGE EXPENSE   ACCOUNT 530

DATE		EXPLANATION	POST REF.	DEBIT	CREDIT	BALANCE

TRAVEL EXPENSE   ACCOUNT 540

DATE		EXPLANATION	POST REF.	DEBIT	CREDIT	BALANCE

RENT EXPENSE   ACCOUNT 550

DATE		EXPLANATION	POST REF.	DEBIT	CREDIT	BALANCE

PA-3 Continued

UTILITIES EXPENSE   ACCOUNT 560

DATE		EXPLANATION	POST REF.	DEBIT	CREDIT	BALANCE

ACCOUNT

DATE		EXPLANATION	POST REF.	DEBIT	CREDIT	BALANCE

ACCOUNT

DATE		EXPLANATION	POST REF.	DEBIT	CREDIT	BALANCE

PA-3 Continued

ACCOUNTS RECEIVABLE SUBSIDIARY LEDGER

DAVE'S STUDIO

DATE	EXPLANATION	POST REF.	DEBIT	CREDIT	BALANCE

DUKE'S CAMERA SHOP

DATE	EXPLANATION	POST REF.	DEBIT	CREDIT	BALANCE

EVERTSON PHOTO

DATE	EXPLANATION	POST REF.	DEBIT	CREDIT	BALANCE

PA-3 Continued

HAWTHORNE PHOTO SUPPLY

DATE		EXPLANATION	POST REF.	DEBIT	CREDIT	BALANCE

HAY PHOTOGRAPHY

DATE		EXPLANATION	POST REF.	DEBIT	CREDIT	BALANCE

DATE		EXPLANATION	POST REF.	DEBIT	CREDIT	BALANCE

PA-3   Continued

ACCOUNTS PAYABLE SUBSIDIARY LEDGER

POLAROID CORPORATION

DATE		EXPLANATION	POST REF.	DEBIT	CREDIT	BALANCE

TOKYO CAMERA WORKS

DATE		EXPLANATION	POST REF.	DEBIT	CREDIT	BALANCE

DATE		EXPLANATION	POST REF.	DEBIT	CREDIT	BALANCE

PA-3 Continued

b.

SALES JOURNAL   PAGE ____

	DATE	CUSTOMER	INVOICE NUMBER	POST REF.	AMOUNT	
1						1
2						2
3						3
4						4
5						5
6						6
7						7
8						8
9						9
10						10
11						11
12						12
13						13
14						14

PURCHASES JOURNAL   PAGE ____

	DATE	SUPPLIER	INVOICE INFORMATION DATE	NO.	TERMS	POST. REF.	AMOUNT	
1								1
2								2
3								3
4								4
5								5
6								6
7								7
8								8
9								9
10								10
11								11
12								12
13								13

PA-3 Continued

PAGE 27

CASH RECEIPTS JOURNAL

DATE	ACCOUNT	POST REF.	CASH DR.	SALES DISCOUNTS DR.	ACCOUNTS RECEIVABLE CR.	SALES CR.	SUNDRY ACCOUNTS CR. OR (DR.)
1							
2							
3							
4							
5							
6							
7							
8							
9							
10							
11							
12							
13							
14							
15							
16							
17							
18							
19							
20							
21							
22							
23							
24							
25							
26							
27							
28							
29							
30							
31							

PA-3 Continued

CASH PAYMENTS JOURNAL   PAGE 24

DATE	CK. NO.	PAYEE	ACCOUNT	POST REF.	CASH CR.	PURCHASE DISCOUNT CR.	ACCTS. PAYABLE DR.	SUNDRY ACCTS. DR. OR (CR.)
1								
2								
3								
4								
5								
6								
7								
8								
9								
10								
11								
12								
13								
14								
15								
16								
17								
18								
19								
20								
21								
22								
23								
24								
25								
26								
27								
28								
29								
30								

PA-3 Continued

JOURNAL

PAGE

	DATE		DESCRIPTION	POST REF.	DEBIT	CREDIT	
1							1
2							2
3							3
4							4
5							5
6							6
7							7
8							8
9							9
10							10
11							11
12							12
13							13
14							14
15							15
16							16
17							17
18							18
19							19
20							20
21							21
22							22
23							23
24							24
25							25
26							26
27							27
28							28
29							29
30							30
31							31
32							32

PA-3 Continued

c.

Midtown Camera Distributors

Trial Balance

December 31, 19XX

PA-3 Concluded

Midtown Camera Distributors

Schedule of Accounts Receivable

December 31, 19XX

Midtown Camera Distributors

Schedule of Accounts Payable

December 31, 19XX

Extra Form 1

JOURNAL

PAGE _____

	DATE		DESCRIPTION	POST REF.	DEBIT	CREDIT	
1							1
2							2
3							3
4							4
5							5
6							6
7							7
8							8
9							9
10							10
11							11
12							12
13							13
14							14
15							15
16							16
17							17
18							18
19							19
20							20
21							21
22							22
23							23
24							24
25							25
26							26
27							27
28							28
29							29
30							30
31							31
32							32

Extra Form 1

JOURNAL

PAGE

	DATE	DESCRIPTION	POST REF.	DEBIT	CREDIT	
1						1
2						2
3						3
4						4
5						5
6						6
7						7
8						8
9						9
10						10
11						11
12						12
13						13
14						14
15						15
16						16
17						17
18						18
19						19
20						20
21						21
22						22
23						23
24						24
25						25
26						26
27						27
28						28
29						29
30						30
31						31
32						32

Name _____

Extra Form 1

JOURNAL

PAGE _____

	DATE		DESCRIPTION	POST REF.	DEBIT	CREDIT	
1							1
2							2
3							3
4							4
5							5
6							6
7							7
8							8
9							9
10							10
11							11
12							12
13							13
14							14
15							15
16							16
17							17
18							18
19							19
20							20
21							21
22							22
23							23
24							24
25							25
26							26
27							27
28							28
29							29
30							30
31							31
32							32

Extra Form 1

JOURNAL

PAGE

	DATE		DESCRIPTION	POST REF.	DEBIT	CREDIT	
1							1
2							2
3							3
4							4
5							5
6							6
7							7
8							8
9							9
10							10
11							11
12							12
13							13
14							14
15							15
16							16
17							17
18							18
19							19
20							20
21							21
22							22
23							23
24							24
25							25
26							26
27							27
28							28
29							29
30							30
31							31
32							32

Extra Form 2

Extra Form 2

Name _____

Extra Form 3

Extra Form 3

Extra Form 4

ACCOUNT _____

DATE		EXPLANATION	POST REF.	DEBIT	CREDIT	BALANCE

ACCOUNT _____

DATE		EXPLANATION	POST REF.	DEBIT	CREDIT	BALANCE

ACCOUNT _____

DATE		EXPLANATION	POST REF.	DEBIT	CREDIT	BALANCE

Extra Form 4

ACCOUNT

DATE	EXPLANATION	POST REF.	DEBIT	CREDIT	BALANCE

ACCOUNT

DATE	EXPLANATION	POST REF.	DEBIT	CREDIT	BALANCE

ACCOUNT

DATE	EXPLANATION	POST REF.	DEBIT	CREDIT	BALANCE